中央高校基本科研业务费专项资金项目
《幼儿园教师胜任力发展研究》
（项目编号：SKZZA2015003）

ENTHUSIASTIC
AND ENGAGED
LEARNERS
APPROACHES TO LEARNING
IN THE EARLY CHILDHOOD
CLASSROOM

热情投入的
主动学习者

——学前儿童的学习品质及其培养

[美]马里奥·希森 （Marilou Hyson）◎著

霍力岩　房阳洋　孙蔷蔷◎译

教育科学出版社
·北 京·

 译者序

早期教育中的儿童学习品质及其培养

——从关注"学什么"迈向关注"怎么学"

自 1976 年马顿和塞利欧（Marton & Saljo）在《论学习、成果和过程的质量差异》（*On Qualitative Differences in Learning, Outcome and Process*）一文中首次提出学习品质（approaches to learning）[1] 这一概念以来，特别是 1990 年美国国家教育目标委员会（National Education Goals Panel，简称 NEGP）将学习品质作为学前儿童入学准备的一个重要维度提出以来，国际社会对学习品质这一概念及其对早期教育的意义给予了广泛关注，并进行了大量研究，世界范围内的学前教育实践也出现了从关注儿童"学什么"到关注儿童"怎么学"转变的新取向和新思路。越来越多的研究者将学习品质视为优化儿童学习及其成果质量的重要手段[2]，同时，越来越多的实践者将其视为学前教育教学改革和学前教育质量提升的关键抓手。

在世界范围内的学前教育改革从关注"学什么"向关注"怎么学"

① Marton, F., & Saljo, R. (1976). On Qualitative Differences in Learning, Outcome and Process. *British Journal of Educational Psychology, 46*, 4–11.

② Duff, A., Boyle, E., & Dunleavy, K. (2002). *The Relationship between Personality, Approach to Learning, Emotional Intelligence, Work Attitude and Academic Performance.* In W. C. Smith (Ed.), The 7th Annual ELSIN Conference (pp. 141–151). Ghent: Academia Press Scientific Publisher.

转变的同时，我国学前教育也开始了基于科学保育和教育的"走出小学化误区"的转型。2012年，教育部颁布了《3—6岁儿童学习与发展指南》（以下简称《指南》）。作为新时期规范和指导我国学前教育发展的纲领性文件，它对学前儿童学习品质的重要性给予了高度肯定和重视，提出了学前教育应"以为幼儿后继学习和终身发展奠定良好素质基础为目标"[①]，在批评"忽视幼儿学习品质培养，单纯追求知识技能学习的做法是短视而有害的"[②]的同时，倡导要"重视幼儿的学习品质"，"要充分尊重和保护幼儿的好奇心和学习兴趣，帮助幼儿逐步养成积极主动、认真专注、不怕困难、敢于探究和尝试、乐于想象和创造等良好学习品质"[③]。应该说，在我国的学前教育研究与实践中，学习品质正在逐渐代替"非智力因素"等概念，成为应该重视的"幼儿在活动过程中表现出的积极态度和良好行为倾向"[④]，成为儿童"终身学习与发展所必需的宝贵品质"[⑤]，成为涵盖学习兴趣、学习习惯和学习能力等普遍学习要素的新的儿童发展取向和儿童教育取向。也正是从这个意义上，作为影响学前儿童学习与发展质量的核心因素，学习品质这一概念不仅成为了为儿童的后继学习和终身发展奠基良好素质基础的新概念和新观点，而且正在成为我们落实《指南》、"走出小学

---

① 中华人民共和国教育部. 3—6岁儿童学习与发展指南 [EB/OL]. 北京：教育部，2012 [2014–03–13]. http://www.moe.gov.cn/publicfiles/business/htmlfilesdmoe/s3327/201210/xxgk_143254.htrrd.

② 中华人民共和国教育部. 3—6岁儿童学习与发展指南 [EB/OL]. 北京：教育部，2012 [2014–03–13]. http://www.moe.gov.cn/publicfiles/business/htmlfilesdmoe/s3327/201210/xxgk_143254.htrrd.

③ 中华人民共和国教育部. 3—6岁儿童学习与发展指南 [EB/OL]. 北京：教育部，2012 [2014–03–13]. http://www.moe.gov.cn/publicfiles/business/htmlfilesdmoe/s3327/201210/xxgk_143254.htrrd.

④ 中华人民共和国教育部. 3—6岁儿童学习与发展指南 [EB/OL]. 北京：教育部，2012 [2014–03–13]. http://www.moe.gov.cn/publicfiles/business/htmlfilesdmoe/s3327/201210/xxgk_143254.htrrd.

⑤ 中华人民共和国教育部. 3—6岁儿童学习与发展指南 [EB/OL]. 北京：教育部，2012 [2014–03–13]. http://www.moe.gov.cn/publicfiles/business/htmlfilesdmoe/s3327/201210/xxgk_143254.htrrd.

化误区"、提高学前教育质量和促进学前教育教学转型的核心要素和关键抓手。

一、为什么要译介这本关于学习品质的书籍

我们一直想选择一本系统研究和说明学习品质的书籍，以介绍给国内同行。但国际上，专门且系统研究学习品质的书籍非常少见，所以我们一直在苦心寻觅和精心选择……这一次，我们的苦心寻觅和精心选择终于有所收获，我们发现了这本系统研究学习品质的书，并进行了深入研读，然后决定译介给国内的学前教育同行。这是一本名为《热情投入的主动学习者——学前儿童的学习品质及其培养》(*Enthusiastic and Engaged Learners: Approaches to Learning in the Early Childhood Classroom*) 的书，是美国著名学者马里奥·希森（Marilou Hyson）博士的最新研究成果，也是既专业精到、系统全面，又通俗易懂、启迪颇多的关于学习品质研究与培养的导引性书籍。我们相信，这本书的译介，对于我国学前教育工作者进一步关注儿童学习品质，了解学习品质的内涵和特征，理解学习品质特别是积极学习品质的本质和典型行为表现，认识积极学习品质与消极学习品质的区别，掌握积极学习品质的支持策略和消极学习品质的消解策略，深度思考学习品质培养在学前教育教学中的目标意义、方法意义、内容意义和质量评价意义等方面，均具有重要启迪。我们更相信，在与国际同行的交流交往中，我们已经开展和正在开展的学前儿童学习品质及其培养的研究与实践，不仅适应了我国当前提升学前教育质量、注重学前教育内涵发展的新形势和新常态，而且体现了为学前儿童的可持续发展、终身学习做好准备的理念，有助于落实《指南》背景下学前教育教学的转型和学前教育质量的提升。具体而言，我们译介这本关于学习品质的书籍，主要基于如下三点理由。

（一）学习品质对儿童的终身发展具有重要价值

学习品质是一个具有丰富内涵的专业术语，它包含了决定学习质量的关键要素，如学习态度、学习习惯和学习方式等。学习品质的内涵并不强调儿童能够学到的具体知识或获取的具体经验，而注重儿童是如何学习

的，如主动学习还是被动学习，合作学习还是独自学习，记忆学习还是创造性学习等。也就是说，学习品质不描述儿童在具体的内容领域中应该学习什么和已经学习了什么，不解释儿童在具体的内容领域里可以直接学习和获得的专门知识或技能，而是关注儿童在不同的内容领域里是如何进行学习的，以及如何使自己获得各种专门知识或技能，即他的学习态度、学习习惯和学习方式如何，体现在具体的某一学习过程中的学习态度、学习习惯和学习方式如何，体现在持续的长期学习过程中的学习态度、学习习惯和学习方式如何。因此，对儿童来说，"学习"不仅仅是对知识和经验的掌握，对智力与能力的发展，即"学什么"，更重要的是学习兴趣的形成、良好学习习惯的养成、学习方法与策略的掌握等，即"怎么学"，这是儿童学习能力发展与提高的实质。举例来说，一个儿童虽然有正常的阅读能力，但是他没有阅读的意愿和兴趣，就不会主动去进行阅读。换言之，只有具备了积极的学习品质，儿童才会主动去阅读。这也正如本书作者马里奥·希森博士在书中所言，积极学习品质可以加强儿童的学习能力，可以帮助儿童通过计划、专注、坚持达到活动的目标。所以，儿童对学习的兴趣、求知欲、在学习中获得的成功体验、由学习产生的愉悦情绪等在很大程度上影响着儿童今后对学习的情感和态度，而良好学习习惯的形成、学习方法和策略的掌握等，也在相当程度上决定着儿童今后能否独立、自主、积极主动地获取知识并发展能力，甚至决定着儿童将来能否取得成功。可见，学习品质对儿童的终身学习和发展具有重要价值，而这一点也得到了众多研究者的肯定。例如，有研究者指出，积极学习品质和儿童入学成就之间的关系会随着时间推移而持续存在。入学准备时表现出来的注意力水平能预测儿童后来在语言、数学方面的学业成就；与注意力相关的技能，如坚持性、认真倾听、学习动机等，与儿童的学业成绩有最持久、稳定的关系。① 可以说，由于学习品质在儿童终身发展中的重要价值，对学习品质的重要性，怎么强调都不为过。

① Duncan, Greg J. et al. (2007).School readiness and later achievement. *Developmental Psychology, Vol 43(6)*: 1428–1446.

（二）学习品质是世界各国学前教育改革关注的焦点

20 世纪 90 年代，美国国家教育目标委员会（NEGP）将学习品质作为学前儿童入学准备的一个重要维度正式提出，并引起了国际社会的广泛关注。学习品质被认为是"社会发展、情感发展、认知发展相互作用的核心"[1]，开始成为众多国家学前教育改革所关注的焦点，各国在制定学前教育政策时越来越凸显学习品质的地位，并将培养学前儿童的学习品质作为开展学前教育教学活动的关键。

美国联邦政府主导的提前开端计划（Head Start）在其《儿童成就框架》[2]（*Child Outcomes Framework*，2000）中，将学习品质领域列为学前儿童学习与发展的内容领域之一[3]。2003 年，在美国 50 个州的早期教育标准中，将学习品质作为儿童学习与发展领域单独列出的州有 8 个，2006 年增加到 14 个，2011 年为 35 个。[4] 有研究者对美国 46 个州的早期学习标准进行了研究，结果显示：在各州早期学习标准中，除了认知和语言两个领域受关注最多外，对学习品质领域的关注紧随其后。[5] 由此可以看出，随着对学习品质研究的深入，美国各州政策制定者越来越认识到学习品质的价值，越来越重视学习品质在学前儿童发展中的重要地位。

[1] Kagan, S. L., Moore, E., & Bredekamp, S.(Eds.).(1995). *Reconsidering Children's Early Development and Learning: Toward Common Views and Vocabulary.* Washington, DC: National Education Goals Panel.

[2]《儿童成就框架》，2000 年由提前开端计划项目委员会发布，用来指导课程设计和儿童发展评估。该框架是基于《提前开端项目行为标准》《提前开端项目行为评价》而设定的，以 1998 年修订的《提前开端法案》为保障，对不同国家机构和专业组织的幼儿发展评价和机构评价进行了大量的文献分析。

[3] U.S. Department of Health and Human Services. Head Start Child Outcomes Framework[EB/OL].[2016−03−19].
http://eclkc.ohs.acf.hhs.gov/hslc/tta−system/teaching/eecd/Assessment/Child%20Outcomes/edudev_art_00008_060805.html.

[4] 张晶. 美国各州早期学习标准的内容分析及启示 [D]. 上海：华东师范大学硕士学位论文，2011.

[5] Scott−Little, C., Kagan, S. L., & Frelow, V. S.(Eds.).(2003). *Standards for Preschool Children's Learning and Development: Who Has Standards, How Were They Developed, and How are They Used*?. Greensboro, NC: SERVE.

加拿大是一个强调地方分权的国家，各省对学前教育的发展拥有自主权。其中，安大略省是该国学前教育发展较为突出的省份之一，其对学前儿童的学习品质也给予了高度关注。2014 年，安大略省教育局颁布了《学习如何发生？安大略省早期教育教学法》（*How Does Learning Happen? Ontario's Pedagogy for the Early Years*），对如何开展早期教育教学进行了系统说明，并将学习品质置于核心地位。该文件将学前儿童对学习的投入（engagement）视为学习的基础，要求为学前儿童创设环境，以促进其通过探索、游戏和质询等方式进行学习。①

澳大利亚政府素来重视儿童的早期教育，对学前儿童的学习品质也给予了高度的关注，并在早期教育政策文献中将学习品质单独列出。2009 年，澳大利亚教育部颁布了《澳大利亚早期学习指南》（*The Early Years Learning Framework for Australia*），在第四项——"儿童是自信、投入的学习者"中，指出要发展儿童的学习品质（disposition for learning），如好奇心、合作、自信、创造性、承诺、热情、坚持、想象和反思②，等等。

爱尔兰政府对学前儿童的学习品质也给予了高度关注，在制定《早期教育课程指南》（*Early Childhood Curriculum Framework*）时，便将学前儿童的学习品质规定为早期教育的基本原则，这些原则是开展教育教学活动的基础。《早期教育课程指南》共设定了 12 条原则，而第 9 条原则便强调了儿童的学习品质。该原则指出，儿童是主动的学习者，他们通过感知去探索周围的事物和材料，并与周围的成人和同伴展开积极的互动，通过这些经验，儿童获得各种有助于其成为自信的和有能力的学习者所必需的品

① Ontario Ministry of Education. How Does Learning Happen? Ontario's Pedagogy for the Early Years[EB/OL].[2015-05-25]. https://www.edu.gov.on.ca/childcare/HowLearningHappens.pdf.
② Australian Government Department for Education. Belonging, Being & Becoming—The Early Years Learning Framework for Australia[EB/OL]. 2009 [2015-05-25]. http://docs.education.gov.au/node/2632.

质、技能、知识、理解、态度以及价值观，等等。① 可见，该原则有效解释了儿童的学习过程，凸显了学习品质的地位，反映了爱尔兰政府对学前儿童学习品质的重视。

（三）学习品质是我国政府倡导的学前教育改革新方向

我国政府充分认识到学习品质对于学前儿童学习与发展的重要价值，并在重要的学前教育政策文本中倡导重视学前儿童学习品质的培养。2012年，我国教育部颁发了《3—6 岁儿童学习与发展指南》，在《指南》实施的要点中明确强调"要重视幼儿的学习品质"。该文件作为指导我国学前教育事业发展的纲领性政策，为新时期的学前教育发展指明了方向，而学习品质则成为其中最重要的新方向之一。

《指南》对学习品质给予了高度重视，并对学习品质的概念、结构、价值等都给出了明确的说明。如，学习品质是"幼儿在活动过程中表现出的积极态度和良好行为倾向"，学习品质包含幼儿的"好奇心和学习兴趣"，"积极主动、认真专注、不怕困难、敢于探究和尝试、乐于想象和创造"等内容。教师在幼儿园的日常活动和游戏之中要支持儿童学习品质的发展，因为"忽视幼儿学习品质培养，单纯追求知识技能学习的做法是短视而有害的"。② 《指南》在描述健康、语言、社会、科学和艺术五个领域的幼儿学习与发展目标时，也充分体现了"重视学习品质"的精神。首先，在对领域的目标、对各年龄段幼儿应达到的发展水平进行表述，在指明幼儿学习与发展的具体方向时，更多地使用了"愿意""喜欢"等字眼，强调了幼儿的主动性和兴趣，如：语言领域中有"愿意讲话并能清楚地表达""喜欢听故事，看图书"等目标；社会领域中有"愿意与人交往""喜欢并适应群体生活"等目标；科学领域中有"亲近自

---

① National Council for Curriculum and Assessment. Early Childhood Curriculum Framework[EB/OL].[2015-05-25].http://www.ncca.biz/Aistear/pdfs/PrinciplesThemes_ENG/PrinciplesThemes_ENG.pdf.

② 中华人民共和国教育部. 3—6 岁儿童学习与发展指南 [EB/OL]. 北京：教育部，2012[2014-03-13].http://www.moe.gov.cn/publicfiles/business/htmlfilesdmoe/s3327/201210/xxgk_143254.htrrd.

然，喜欢探究"等目标；艺术领域中有"喜欢自然界与生活中美的事物""喜欢欣赏多种多样的艺术形式和作品""喜欢进行艺术活动并大胆表现"等目标。其次，在对各领域学习的核心和成人的指导策略进行描述时，也凸显了对幼儿学习品质的关注和重视，如明确指出："幼儿科学学习的核心是激发探究兴趣，体验探究过程，发展初步的探究能力。""幼儿艺术领域学习的关键在于萌发幼儿对美的感受和体验，丰富其想象力和创造力，引导幼儿学会用心灵去感受和发现美，用自己的方式去表现和创造美。""成人要善于发现和保护幼儿的好奇心。""帮助幼儿形成受益终身的学习态度和能力。"这些都体现了《指南》将学习品质视为儿童终身学习与发展所必需的宝贵品质所给予的重视，表明了我国政府在新时期学前教育发展上所倡导的新方向。

虽然我国学者对学习品质在儿童学习与发展中的重要意义已达成一致的认识，但由于学习品质并不像健康、语言、社会那样已经得到了较为清晰的界定，且相关研究还处于起步阶段，因此，我们有必要加大对学习品质的本质、内涵、结构、路径、机制、支持策略和培养模式的研究。在这种背景下，我们选择《热情投入的主动学习者——学前儿童的学习品质及其培养》一书翻译引进，以期为我国学前教育界进一步关注学前儿童的学习品质，深化对学习品质的研究，开展我国学前儿童学习品质培养的研究提供些许参考。我们相信，在学习品质对儿童终身发展具有的重要价值已被强调，在学习品质已经成为国际学前教育界关注的焦点，在学习品质已经成为我国政府倡导的学前教育新取向的形势下，本书的译介将有助于我国学前教育界更加深刻地认识学习品质及其对儿童发展的重要价值，为顺利迈向我国政府所倡导的"重视学习品质"的学前教育新方向奠定更为坚实的基础。

二、本书结构与几个重要观点

本书作者马里奥·希森博士是一位在美国学前教育领域有广泛影响力的专家，她曾做过幼儿园教师、学前班教师、儿童中心主任，担任过全美幼儿教育协会（NAEYC）专业发展委员会的副执行董事，参与修订了《美国早期教育专业准备标准》（*Standards for Early Childhood Professional Preparation*），参与了全美幼儿教育协会早期教育标准的立场文件制定、课程评估和项目考核等工作；她还曾担任《早期教育研究季刊》(*Early Childhood Research Quarterly*)的主编，是美国教育部国家早期教育发展和教育委员会中儿童发展研究协会（SRCD）的政策制定人员。在这些丰富工作经历的基础上，希森博士总结早期教育中有关学习品质研究的已有成果，提出了有关学习品质研究与实践的新理念和系统的框架思路，并进行了翔实的论证说明。

（一）本书结构

1．本书结构

本书主要围绕"积极学习品质的基本理论和培养路径"这一话题展开讨论，全书主要内容共分为两大部分。第一部分主要是关于积极学习品质的内涵、结构、价值和影响因素的理论研究，第二部分则是实践探索内容，主要探讨了培养积极学习品质的相关策略。

第一部分的理论研究包括四章：第 1 章主要介绍了积极学习品质的内涵与结构，作者追溯了学习品质概念的起源，并与其他相关术语进行了比较分析，认为学习品质包括情感和行为两个维度，并进而概括为热情和投入二维结构框架。第 2 章分析了积极学习品质的价值。作者认为，热情和投入具有自身的内在价值，是儿童学习与发展的基础，并且可以预测儿童未来的学业成绩和社会成就。第 3 章论述了积极学习品质的影响因素，作者基于布朗芬布伦纳（Bronfenbrenner）的生态系统观，分析了儿童个体自身、家庭、学校、文化、政治和政策等多个方面的因素对儿童学习品质的影响。第 4 章阐释了消极学习品质形成的因素，作者列举了人际关系、课程、教学方法和教育政策等方面的因素对儿童消极学习品质的影响。

第二部分的实践探索包括六章：第 5 章讨论了为促进儿童学习品质的发展，教师该如何与所有儿童建立亲密的关系。第 6 章分析了教师该如何筛选和使用能促进积极学习品质发展的高质量的早期教育课程模式。第 7 章论述了提升积极学习品质的环境创设方法和教育教学法。第 8 章对学习品质的评估工具进行了详细介绍。第 9 章阐释了调动家庭力量培养儿童学习品质的具体策略。第 10 章对促进积极学习品质培养的政策制定、社会宣传、教师教育和学术研究等提出了详细的建议。

2．结构特点

（1）理论研究与实践探索相辅相成

本书在整体结构上体现了理论研究与实践探索相辅相成和相互影响的关系。关于学习品质的理论研究为学习品质培养的实践探索提供了特定视野和概念框架，对儿童学习品质的内涵、结构、价值和影响因素等进行的理论研究，为后面的实践探索设置了逻辑起点，提供了分析框架，明确了研究意义，同时也阐明了提出培养策略的依据。如：作者先提出学习品质的结构包括热情和投入两个维度，在后面的实践探索中，五种学习品质的培养策略皆有针对性地对这两个维度进行了分析；作者提出学习品质的影响因素包括儿童个体特点、儿童发展特征以及儿童所处的外在环境影响，故五种学习品质的培养策略也都兼顾了对这些影响因素的干预和控制。另一方面，关于学习品质培养的实践探索也能充分验证并丰富学习品质的基本理论。如：作者探讨了调动家庭和社会因素培养儿童积极学习品质的方法，这为我们进一步思考和研究家庭对于儿童学习品质的影响提供了启示。这种理论与实践互相呼应的结构有助于读者深入理解学习品质的内涵、结构、价值、影响因素和培养策略。

（2）积极学习品质与消极学习品质一体两面

本书作者不仅论述了积极学习品质的影响因素和培养策略，还分析了消极学习品质的产生原因和消解策略，将正面提升和负面预防有机结合。一直以来，作为中性词的"学习品质"与"积极学习品质"常互换使用，分别针对积极学习品质与消极学习品质的系统研究较为少见。本书作者从生态系统论的视角分析儿童积极学习品质的影响因素，并提出使积极学习品质降低、进而形成了消极学习品质的关键因素。在对积极学习品质的培养策略进行实证论述的同时，作者还从消极学习品质形成的因素入手，详细论述了如何建立支持性的人际关系，如何选择高效的课程模型，如何提供可促进积极学习品质提升的教学方法，如何选用适宜的评估工具，如何调动家庭力量和社会力量等，既能让读者找到培养积极学习品质的路径，又会引导大家有意识地避免消极学习品质的产生，这种一体两面的分析结构和融会贯通的论述体系有利于研究者和实践者深入地理解、把握学习品质的培养方向与具体策略。

（3）以实践性为导向，帮助一线教育工作者理解并运用这一理念

目前，在世界范围内，关于学习品质的研究被认为是儿童学习与发展中"最难理解、最难研究，可能也是最重要的"方面。[1]有关学习品质的理论研究居多，以一线教育工作者为读者对象的实践研究较少。本书作者以帮助一线教育工作者理解学习品质和培养儿童的学习品质为目的，遵循着实践导向的原则，在框架设计、内容安排、术语表达等方面都尽可能贴近实践工作者的需求，力图帮助实践工作者理解和掌握儿童学习品质的基本理论，引导其制定和实施促进积极学习品质提升的具体策略，支持其选择和使用适宜的学习品质评价工具，指导其完善课程和教学方法以创设机会提升儿童的积极学习品质等。正如作者本人明确指出的，写作本书是为了"帮助现在和未来的学前教育工作者、教育决策者有效运用支持儿童形成积极学习品质的基本策略"[2]。

（4）附录中，儿童学习品质发展变化连续表使学习品质的评测具体化和可操作化

如何评测儿童学习品质的发展变化一直是理论研究和实践工作中的难点。在本书附录中，作者提供了一个针对1—6岁儿童学习品质连续发展变化的行为表现表。虽然作者没有为这个表格冠以"评价表"的名称，但实际上是可以发挥评价作用的。该表格在横栏中按照1—2岁、2—3岁、3—4岁、4—5岁、5—6岁的年龄段进行划分，在纵栏中列出了儿童学习品质的四个重要维度：主动性、参与性和坚持性；好奇心和学习热情；推理和问题解决；创造和想象。在每个维度下，作者还进一步做出了细致的

---

[1] Kagan, S. L., Moore, E., & Bredekamp, S. (Eds.). (1995). *Reconsidering Children's Early Development and Learning: Toward Common Views and Vocabulary*. Washington, DC: National Education Goals Panel.

[2] Hyson, M. (2008). *Enthusiastic and Engaged Learners: Approaches to Learning in the Early Childhood Classroom* (p.4). New York: Teachers College Press.

划分，都包含了若干指标。作者基于丰厚的研究积累和实践经验，列举了不同年龄段儿童在以上这些学习品质指标上的行为表现，每一年龄段的行为表现都是基于前一年龄段的发展和进步，既有理性的概述，也有实践案例的呈现。这一结构清晰的表格使学前儿童学习品质的评测具体化和可操作化，也便于研究者和一线教育工作者进一步认识儿童是"怎么学"的，并基于此展开关于学习品质的观察与评价研究。

（二）关于学习品质研究的几个重要观点

1. 学习品质的内涵与结构

对学习品质，尚没有唯一、公认的定义。本书作者马里奥·希森博士在探讨学习品质的概念之前，对这一术语的起源进行了回顾。她认为，学习品质这一术语源自于美国要求做好入学准备的大环境。为了让儿童真正为入学做好准备，美国国家教育目标委员会将学习品质单独列出，作为早期学习与发展的一个维度，它的第一教育目标技术规划小组把学习品质这一术语看作"涵盖一系列学习态度、学习习惯和学习风格的总称"。其次，马里奥·希森博士对学习品质与其他关键术语，如学习性格、学习行为、学习技能等术语进行了比较，以厘清学习品质的关键特征。如莉莲·凯茨（Lilian Katz）使用与"学习品质"意义接近的"学习倾向"（learning disposition）一词，认为"学习倾向"与知识、技能、情感一样包含于课程目标中；梵图佐（Fantuzzo）使用"学习行为"（learning behavior）这一总称性术语，将学习品质定义为"一系列独特的行为，暗含儿童参与课堂学习活动的方式"[1]；麦克莱兰（McClelland）使用"与学习相关的技能"（the skills about learning）一词来概括幼儿在学习中的自我控制、合作、果断、计划和自我调节技能。马里奥·希森博士认为，虽然以上术语在理论上与学习品质可以互换使用，但使用"学习品质"（approaches to

---

[1] Fantuzzo, J.W., Perry, M. A., & McDermott, P. (2004). Preschool Approaches to Learning and Their Relationship to Other Relevant Classroom Competencies for Low-Income Children. *School Psychology Quarterly, 19(3),* 212.

learning）^①这一术语最为适宜，因为这一术语的产生和发展都与儿童的早期发展和入学准备相关^②，美国很多州政府使用这一术语来作为早期学习标准和入学准备的起始维度，它是很多州早期学习标准的内容之一^③，并且美国提前开端计划委员会在 2001 年的《儿童成就框架》中将"学习品质"列为成就框架的八个维度之一。

马里奥·希森博士认为，对学习品质的内涵只进行总称性描述是不够的，还要对其包含的要素进行清晰地描述。她在综合以往关于学习品质研究的基础上，认为仅仅将学习品质的一些结构要素，如学习的内在动机、好奇心、参与性、执行力、集中注意力、兴趣、喜欢接受挑战、解决问题的灵活性、自我调节和坚持完成任务等呈现给教师没有实际意义。希森博士提出了一个具有应用价值的覆盖学习品质结构要素的框架，即学习品质由两个基本维度组成：情感 / 动机维度和行动 / 行为维度。情感 / 动机维度指向对学习的热情（enthusiasm），包含兴趣、快乐和学习动机三个要素；行动 / 行为维度指向学习中的投入（engagement），包含专注、坚持、灵活和自我调节四个要素。学习品质是影响儿童学习、改善学习质量的强有力工具^④，对学习品质内涵和结构的清晰认识是我们进行学习品质培养的

① 在翻译时，对 "approaches to learning" 这一术语的译法也有较多争论。在英文中，"approach" 作名词用时意为 "处理问题的方式""在时间或空间上接近某人或某事""通向一块地方的路、航道" 等，译者对该词的内涵和结构进行了分析，得出结论："approaches to learning" 指通向学习的 "品质"——积极性、主动性、专注力、创造性等，结合国内研究者已有的成果及《3—6 岁儿童学习与发展指南》说明部分的表述，本书将其翻译为 "学习品质"。

② Fantuzzo, J., Perry, M. A., & McDermott, P. (2004). Preschool Approaches to Learning and Their Relationship to Other Relevant Classroom Competencies for Low-Income Children. *School Psychology Quarterly, 19(3)*, 212.

③ Scott-Little, C., Kagan, S. L., & Frelow, V. S.(Eds.).(2003). *Standards for Preschool Children's Learning and Development: Who Has Standards, How Were They Developed, and How Are They Used?*. Greensboro, NC: SERVE.

④ Duff, A., Boyle, E., & Dunleavy, K. (2002). *The relationship between personality, approach to learning, emotional intelligence, work attitude and academic performance*. In W. C. Smith (Ed.), The 7th Annual ELSIN Conference (pp. 141-151). Ghent: Academia Press Scientific Publisher.

重要基础，本书作者以对学习的热情和在学习中的投入为划分角度，引导我们从内在动机和外在行为两个维度深入地认识学习品质。

2. 学习品质的价值

希森博士通过一些有力的研究结果证明了学习品质的重要意义。首先，学习品质自身具有内在的价值。作者强调，虽然积极学习品质对幼儿未来的学业成就有重要影响，但更为重要的是，成人应认识到儿童在学习中愉悦、快乐和深入地参与的内在价值，幼儿的"意识流"体验，即专注于学习以至于失去时间和空间意识对幼儿的发展具有重要意义。

其次，学习品质是学习的基础。主要表现在：（1）积极学习品质有助于提升儿童的认知技能和学业成就。希森博士列举了一些相关研究以证明学习品质对认知和学业发展的有效性。如美国国家统计中心对来自全国各地的2000多名儿童进行了纵向追踪研究，结果显示，幼儿园大班时经常表现出积极学习品质的儿童，在一年级上半学期的标准化阅读和数学测验中得高分的概率翻倍。对于学习品质相关要素的研究也证明了其对于儿童认知技能和学业成就提升的作用。如儿童的好奇心有助于增加记忆力和理解力，儿童的兴趣可以持续预测其学业成绩，儿童的动机可以预测他们未来在多个领域的成绩，儿童的投入水平影响其工作的能力和成绩，具有良好的自我调节能力的儿童更有可能获得学业成功，在问题解决和完成任务品质上较为灵活的儿童，更会根据需要改变策略，从而提升学习成就。（2）积极学习品质对儿童社会和情感领域的发展具有促进作用。有研究者发现，注意力、坚持性和学习态度较为积极的儿童，在与其他儿童互动时也更为积极；而获胜动机低的儿童，在自由游戏中不太善于与其他儿童互动和交往。

第三，学习品质对处境不利儿童具有保护作用。积极的学习品质能够增强处境不利儿童，如处于贫穷、家庭暴力、虐待、身体缺陷等境况的儿童面对危机时的抵抗能力，预防儿童取得不良成绩。

第四，积极学习品质是儿童良性发展循环圈的起点。积极学习品质具有累加效应，热情、投入的儿童能够获得成人积极的回馈，这样的回馈会增加儿童可获得的学习机会，使其成为更加热情、更加投入的学习者。而另外一些具有消极学习品质的儿童可能会进入恶性循环中，消极的学习品质会让儿童在开始时就处于不利地位，可能会严重限制他们未来的学习机会和成就。

3. 学习品质的影响因素

希森博士以布朗芬布伦纳的人类发展生态学理论为工具，对儿童学习品质的影响因素进行了分析，认为有三方面的因素影响了儿童学习品质的发展。

首先，儿童的个体特点影响着学习品质的发展，如气质、学习风格、智力、性别等因素会导致儿童学习品质上的差异。希森博士强调，虽然这些因素是与生俱来的，但并非固定不变，在尊重这些个体差异的同时，应认识到儿童的积极学习品质或消极学习品质并不只与先天因素有关。成人应通过有目的地提供机会或经验来培养儿童的积极学习品质。

其次，儿童的年龄特点影响着学习品质的发展。发展心理学家埃里克森（Erikson）的人生发展八阶段理论描述了儿童在不同阶段处理学习任务的不同方式。在学前阶段，埃里克森将其描述为"主动对内疚的冲突"。这个阶段的儿童在完成任务时会爆发出很大的能量，大胆、主动地探索世界，常常伴随着冲突；神经科学家研究发现，与那些年龄小的儿童相比，年龄大的儿童更有可能约束自己的行为。同时希森博士指出，在探讨儿童学习品质发展的规律时，应认识到特殊儿童的发展过程不具有普遍性，每个特殊儿童都是独特的个体，不同的发展缺陷对积极的学习品质形成会产生不同的影响，成人应根据其发展特点给予有针对性的适宜的支持。

最后，儿童所处的外在环境（家庭、学校、社会、文化及政治、政策等）也会影响着学习品质的发展，如有研究表明，与父母关系亲密的儿童表现出更高的学习动机和投入水平，学校中的师生关系、课程和教学方法的质量等都会影响学习品质的发展，在不同文化中成长的儿童所表现出来的坚持性、注意力和自我调节会有所不同，政策制定者对儿童学习品质的关注和强调也势必会让公众和教育者更加重视儿童学习品质的培养。

希森博士在分析上述影响学前儿童形成积极学习品质的因素的同时，

还对降低儿童积极学习品质的因素进行了剖析。主要包括：（1）成人和儿童之间非支持性的人际关系；（2）缺乏难度或无意义的课程；（3）不支持儿童在学习中投入和无法引起学习动机的教学方法；（4）草率或严厉的活动规则；（5）依靠外部奖赏提升儿童成绩；（6）不关注儿童学习品质发展的教育政策；（7）不适宜的评估方案。

4. 学习品质的培养策略

希森博士在书中介绍了五种基于实证研究的培养儿童学习品质的方法。

第一，教师与所有儿童建立亲密关系。一方面，教师应了解每位儿童及其家庭的信息，并给予儿童温暖和关怀，积极地参与到儿童的活动中，与每个幼儿建立密切的情感联系；另一方面，在与儿童个体建立亲密关系的同时，还应在日常生活、集体活动或班级聚会中积极建立有着共同目标和价值观的关爱共同体，儿童在关爱共同体中会感受到归属感和认同感，从而促进儿童的学习兴趣、学习动机和坚持性等学习品质的发展。

第二，教师应筛选和使用高质量的早期教育课程模式。有益于儿童积极学习品质发展的课程包括以下四个特点：富有挑战性、学习内容有价值、与儿童兴趣和经验相联系、强调儿童的积极参与和社会交往。教师应从以下三个方面对课程模式进行筛选和使用：首先，选择课程模式时，应从课程总体是否符合国家标准、课程目标是否指向学习品质的培养、课程内容是否包含促进学习品质的活动、课程实施是否关注儿童学习品质的发展四个角度对这种课程模式进行分析，并对其在多大程度上能促进幼儿学习品质的发展进行评级；其次，调整课程模式时，应遵循年龄适宜性、个体适宜性和文化适宜性的原则；最后，可以创设一种专门培养学习品质的课程模式，希森博士指出，专门聚焦学习品质培养的课程模式能够有针对性的促进学习品质各要素的发展，虽然目前专门的学习品质课程模式还没有研发出来，但是有一个非常有前景的课程模式不久就会出现。

第三，教师应使用有效的教学方法。一方面，教师应为儿童创设高质量的环境，包括设置具有引导性且促进儿童专心活动的空间环境、建立有秩序的活动规则和常规、开展儿童主动参与的小组活动；另一方面，教师应采用高质量的教学方法，包括教师表现出自己的积极学习品质以发挥榜样示范作用、帮助儿童明确学习目标、提供有效的教学支架并适时地撤出支架、给予儿童有价值和有挑战性的活动机会。

第四，教师应运用科学的学习品质评估系统。首先，使用综合性的学习品质评估系统，如儿童观察记录量表(The Child Observation Record)、发展连续评价表（Developmental Continuum Assessment）和作品取样系统（Work Sampling System）。这三种评估系统具有以下共同特征：基于真实情景中的儿童行为表现；鼓励教师通过观察和记录收集多元数据以实现对儿童的评价；在一年内多次评估儿童在多个领域的发展状况；评价结果促进教师更好地理解和教育儿童。其次，使用学习品质专业评估工具。主要包括供教师课堂使用的评估工具和供研究者使用的评估工具。供教师课堂使用的评估工具有"一日生活参与性教师评量表"(the Scale for Teachers' Assessment of Routines Engagement）和"学会学习量表"(Learning-to-Learn Scales, LTLS）等，供研究者使用的评估工具有儿童内在学习动机指标（CAIMI）和儿童连续表现测验（CPT）等。最后，教师应采用五步骤循环法根据评估结果制订教学计划，即确定学习目标、搜集证据、描述和分析证据、结合学习目标解释结果和应用信息制订计划。

第五，教师应积极调动家庭和社会力量参与。首先，家园之间应建立和保持互相尊重、关怀和赞赏的良好关系；其次，应与家长积极地交流学习品质的重要意义，并积极地了解儿童在家里的表现；最后应与家长分享一些可促进儿童学习品质提升的实用性策略。

希森博士在从家庭和学校角度探讨培养儿童学习品质的方法的同时，还将视角转向社会大环境，提出促进学习品质发展的五种方法：第一，由政策层面保障学习品质这一领域在儿童学习中的重要地位；第二，开展关于学习品质的研究，特别是应用型的研究；第三，在幼儿教师职前教育和在职教育中，关注如何促进儿童学习品质的发展；第四，对学习品质的内涵、结构要素、影响因素、重要意义、培养策略等方面进行有效的社会宣传；第五，开发关于学习品质知识的运用策略，增强将知识运用到政策、实践和专业发展系统的可能性。

三、学习品质相关研究给我国学前教育发展的启示

在儿童的终身学习与发展中，学习品质具有重要意义。随着世界范围内教育教学改革对学习品质的重视，越来越多的学者开始致力于关于儿童学习品质的研究。我国在"办好学前教育"的政策指示下，应结合学习品质的相关研究成果，充分认识儿童学习品质的重要价值，系统分析儿童学习品质的核心要素，梳理归纳学习品质的影响因素，深入研究学习品质的培养策略，科学建构学习品质的评价工具，深入贯彻落实《指南》精神，提升教师的专业能力，从根本上促进学前教育质量的提升。

（一）充分认识学习品质的重要价值，将学习品质作为幼儿园教育教学的重要目标

随着世界各国对儿童学习品质价值的研究日渐丰富，且越来越具有政策和实践影响力，我们应该深入思考儿童的学习品质与后继学习和终身发展的关系，以更好地促进儿童学习品质的发展，并促成我国从人力资源大国向人力资源强国转变。大量研究表明，儿童的学习品质与学业成绩呈正相关，并且学习品质可以预测未来学业成绩的发展趋势。因此，我们应将儿童学习品质的发展作为基础教育的重要目标，在教育目标和课程目标上应明确提出培养儿童的学习品质。教育目标反映国家和社会对所培养人才应达到标准的要求和期望，课程目标是在课程实施的过程中由教育者依据教育目标转化而成，它们是教育实践的依据，也是课程体系设计的指南。2001 年 6 月，我国《基础教育课程改革纲要（试行）》指出，要"培养幼儿良好的行为习惯，保护和启发幼儿的好奇心和求知欲，促进幼儿身心全面和谐发展。"我国《幼儿园教育指导纲要（试行）》指出，"要避免仅仅重视表现技能或艺术活动的结果，而忽视幼儿在活动过程中的情感体验和态度的倾向"。《3—6 岁儿童学习与发展指南》更是明确提出，应该"重视幼儿的学习品质。"但与国外的政策文件相比，我国尚未将学习品质作为一个独立领域放在儿童发展的目标和教育教学的目标中。因此，如能在宏观政策层面进一步提升学习品质的地位，将其放在目标层次，凸显学习品质的重要价值，同时加大宣传力度，提高社会对学习品质的重视和认

识，将会对整个基础教育的改革具有积极意义。

（二）系统分析儿童学习品质的基本结构，关注学习品质结构要素的发展和培养

学习品质是一个多因素、多层次的复杂系统，构建科学、整体和有序的学习品质结构有利于深化对于学习品质的培养和研究。本书关于儿童学习品质结构的研究启发我们，应该借鉴国外的研究成果，揭示我国儿童学习品质结构的本土化特征。**第一**，形成我国儿童学习品质的基本结构。部分国家在其官方报告和政策文件中对学习品质的基本结构进行了说明，如美国的《提前开端儿童发展和早期学习框架》（*The Head Start Child Development and Early Learning Framework*）将学习品质分为主动性和好奇心、坚持和专注、合作三个维度。[①] 我国的《指南》指出，"要充分尊重和保护幼儿的好奇心和学习兴趣，帮助幼儿逐步养成积极主动、认真专注、不怕困难、敢于探究和尝试、乐于想象和创造等良好学习品质。"此外，还有一些研究者和相关机构也提出了学习品质的基本结构，如本书作者认为学习品质由两个基本维度组成：情感/动机维度和行动/行为维度。情感/动机维度指向对学习的热情，包含兴趣、快乐和学习动机三个要素；行动/行为维度指向学习中的投入，包含专注、坚持、灵活和自我调节四个要素。我们应从这些政策性文件和学者的研究中对学习品质的基本要素进行归纳。**第二**，进一步理清儿童学习品质核心要素之间的关系，更深入地探讨各要素之间是否相对独立或相互依存，各要素之间是否存在因果关系或相关关系，各要素之间是否还可细分二三级结构维度。**第三**，应科学区分不同年龄段儿童学习品质要素的发展重点。根据国外的研究成果，学习品质要通过儿童一系列的学习行为表现出来。每个年龄段的儿童都有各自不同的发展任务，在学习行为上也表现出不同的特点。因此，应进一步研究学习品质各要素发展的关键期，

---

① U.S. Department of Health and Human Services. The Head Start Child Development and Early Learning Framework [EB/OL].[2015-04-16]. http://eclkc. ohs.acf.hhs.gov/hslc/tta-system/teaching/eecd/assessment/child%20outcomes/ revised-child-outcomes.html.

从而为学习品质的培养提供充分依据。

（三）梳理归纳学习品质的影响因素，有针对性地探索儿童学习品质培养的路径

学习品质对于儿童发展具有重要价值，培养儿童的学习品质需要在理解学习品质影响因素的基础上有针对性地进行。学习品质的形成主要受主客体因素的影响，主体因素主要为先天的遗传因素，如性格、气质、性别等。这些因素从儿童出生时就存在，为儿童形成学习品质打下基础。客体因素主要为后天的环境因素，如家庭、教育、文化等。儿童的学习品质并非先天的、固有的人格特质，它是可塑的、可随时间改变的或依赖背景变化的，是主客体因素相互作用的结果。因此，发挥教育的作用显得尤为关键，教师应该重视学习品质的培养，依据儿童学习品质影响因素的作用机制，来探寻培养儿童学习品质的路径。第一，从主体因素作用于客体因素的角度看，应重视儿童作为行为主体所表现出的需求，不断调整和创造适宜的环境。儿童的生理、心理以及社会的主体特征会作用于环境，在一定程度上可能会直接影响家庭和学校对儿童的期待、态度和教育方式。因此，我们一方面要克服消极刻板印象，平等、客观地看待和分析每一个儿童的学习品质；另一方面，应关注儿童的语言和行为，充分理解和尊重儿童的感受与体验，倾听儿童的声音，对儿童的情感和表达做出积极回应，根据儿童的需求正确调整和改善环境与教育，为儿童学习品质的发展提供有力支撑。第二，从客体因素通过主体因素发挥作用的角度看，应提高亲子、师幼之间的互动质量，有效调动儿童的主观能动性。环境为儿童的发展提供了可能性或条件，但由于儿童不是消极地、被动地接受外部环境的影响，使得环境因素往往受到个体主观能动性的制约，只有当外部环境的客观要求转化为个体自身的内在需要时，才能充分发挥环境的影响。因此，我们应重视成人与儿童互动的质量，建立正确的亲子互动方式，改善儿童与教师之间的师幼关系[1]，为儿童创设温暖的、积极的情感氛围，与他

---

[1] Birch, S. H., & Ladd, G. W. (1997). The Teacher-child Relationship and Children's Early School Adjustment. *Journal of School Psychology, 35(1),* 61–79.

们充分交流、沟通，激发其主观能动性，从而有效地促进儿童学习品质的培养。[1]第三，进一步研究主体因素与客体因素之间相互作用的机制，具体形成培养儿童积极学习品质的有效方法和切实可行的操作建议。主体因素与客体环境因素之间的关系错综复杂，有的环境因素会通过主体因素的中介作用影响儿童的学习品质，有的主体因素可以减少环境中的危险性因素所带来的影响，保证儿童学习品质的发展。因此，研究还需要进一步深化，阐明这些影响的具体发生过程和作用机制，更好地识别出危险性因素和保护性因素，从培养儿童学习品质的角度提出更细化的支持策略和实施方案。

（四）深入研究儿童学习品质的培养策略，以课程为抓手促进儿童学习品质的发展

"课程"一词源于古拉丁语 currere，意指跑道（race-course），而在当今课程改革的背景下，课程不再是跑道，而是跑的过程自身（racing on runway）。[2]由名词"跑道"转变成动词"跑"体现了课程观由传统的认识体系走向实践体系的变革。课程不是静态的用来呈现知识的"课"，而是一个动态的不断实现意义的"程"。课程设计和实施过程中，应重视教师和儿童双主体的交互作用，既关注"课"，让儿童能够收获学习的结果，获得为其终身发展奠定基础的关键知识、技能和经验；也要关注"程"，让儿童充分体验学习的过程，为儿童提供主动参与活动的情境和机会，在探究和学习的过程中体验主动学习、合作学习和创造学习的乐趣，养成终身学习和发展所必需的宝贵品质。[3]第一，教师应饱含好奇心和探索欲望，感染和激发幼儿主动投入到学习活动中去；第二，为幼儿创造探索的机会，如为幼儿提供有趣的材料、与幼儿分享新奇的事物等，增加幼儿在生

---

[1] Nelson，R. F. (2005). The Impact of Ready Environments on Achievement in Kindergarten. *Journal of Research in Childhood Education, 19(3), 215–221.*

[2] [美] 小威廉姆·E. 多尔. 后现代课程观 [M]. 王红宇，译. 北京：教育科学出版社，2000：4.

[3] Chaplin，D.& Puma，M. J. *What "Extras" Do We Get with Extracurriculars? Technical Research Considerations.* Washington，DC：Urban Institute，2003.

活、游戏中求知、探索的欲望；**第三**，为幼儿创设安全的心理环境，鼓励幼儿大胆探索；**第四**，鼓励并支持幼儿积极解决问题。教师应相信幼儿解决问题的能力，鼓励儿童尝试各种各样的方法来坚持完成任务。

（五）科学建构儿童学习品质评价工具，实现"评""研""培"一体化

评价是整个儿童学习品质研究中的核心问题，但也是一个难点问题。学习品质评价工具不仅可以帮助教师更好地研究儿童、了解儿童，还能够科学有效地培养儿童的学习品质。目前，国内关于学习品质工具的研究尚处于起步阶段，我们应开发科学的学习品质评价工具，实现以评促"研"，以评促"培"。**第一**，将学习品质作为评价儿童学习与发展的一个重要领域。现有的儿童评价内容多数是关于认知、语言等领域的，而对儿童学习品质的评价还比较薄弱。因此，在研究学习品质本质和结构的同时，应着力形成对其评价的研究思路，开发儿童学习品质的评价指标体系和系列工具，将对学习品质的评价从对儿童情感、社会性等其他方面的评价中独立出来，有针对性地评价学习品质在儿童发展中的独特价值。**第二**，开发基于真实情境的儿童学习品质评价方案。在儿童评价方式上，现有评价较少基于真实的课堂情境。美国第一目标技术规划小组指出，评价必须考虑儿童发展的所有领域，在自然的学习环境中让儿童完成熟悉的任务，针对特定的儿童和特定的目标，多位观察者共同进行评价。[1] 有研究者指出，"幼儿每日的行为都在发生着剧烈的变化，因此，在某一天或某一种场景中出现的反应很有可能在第二天或其他场景中就不会再出现。基于真实课堂情境的评价，有助于教师更好地理解儿童持续的学习和发展变化。"[2] 早期教育专家指出了儿童发展的阶段性、顺序性和个体差异性，强调基于真实情境的评价更容易观察到儿童的异质性。由于学习品质与学习行为紧密联系

---

[1] Shepard, L., Kagan, S. L., & Wurtz, E. (Eds.). (1998). *Principles and Recommendations for Early Childhood Assessments*. Washington, DC: National Education Goals Panel.

[2] Ulrey, G. L., Alexander, K., Bender, B., & Gillis, H. (1982). Effects of Length of School Day on Kindergarten School Performance and Parent Satisfaction. *Psychology in the Schools, 19(2)*, 238–242.

在一起，所以对儿童学习品质的观察和评价适合在真实情景中以更自然的方式进行，因此应设计既能反映理论发展又更具生态化取向的评价方案，运用适当的实施途径，从多个角度和层次考察它的有效性及其可推广性。虽然目前已有研究者开发过以课程为基础（curriculum-based assessment）的评估儿童学习品质的方案，但应用和推广效果研究还比较缺乏。可以说，学习品质评价方案的开发远未跟上学习品质概念发展的步伐，也满足不了学习品质研究和实践的需要。第三，将学习品质的评价与培养结合起来，评价和培养是互惠互利的持续的活动过程。有研究者认为，评价可以了解儿童的发展进程，评价指导教学目标的选择和排序，评价提供与父母交流的基础，评价可以对有特殊需要的儿童进行诊断，评价可以监控教育活动和课程的有效性等。[1] 因此，应针对不同年龄段儿童和学习品质的不同方面，形成具体的本土化评价方案和培养方案，科学有效地评价和培养儿童的学习品质，从而促进儿童的全面发展。

综上所述，自学习品质这一概念被正式提出以来，已经成为国际学前教育领域关注的焦点，它推动了国际学前教育改革由关注"学什么"向关注"怎么学"转变，使得重视学习品质的价值、积极开展学习品质的研究、大力培养儿童的学习品质日益成为国际学前教育的发展趋势。在此背景下，我们选择了一本系统研究学习品质的书籍——《热情投入的主动学习者——学前儿童的学习品质及其培养》进行译介，旨在为国内学前教育同仁了解国外学习品质研究的最新成果提供条件、帮助国内同仁认识到，学习品质已然成为国际学前教育界关注的焦点，同时增强国内同仁理解学习品质对儿童发展的重要价值，为实现我国学前教育的发展提供助力。《热情投入的主动学习者——学前儿童的学习品质及其培养》作为一本具有影响力的书籍，它对学习品质的各个方面都进行了深刻、全面的解读。该书界定了学习品质的内涵，指出学习品质主要为儿童通向学习的"品质"，由情感／动机和行动／行为两个基本维度组成；该书阐释了学习

---

[1] Brassard, M. R. & Boehm, A. E. (2007). *Preschool Assessment: Principles and Practices*. New York : Guilford Press.

品质的重要价值，指出学习品质是保证儿童学业成绩的核心，也是增进儿童社会交往的关键；该书论述了学习品质的影响因素，指出学习品质受多种主、客观因素的影响，它有相对稳定的成分，但并非固定不变，而是可以通过后天教育来改变的；该书剖析了学习品质的培养策略，指出与所有儿童建立更为亲密的关系，形成相互依赖的共同体，通过使用高质量的课程、教学及评估，并辅以家庭、社会力量的参与，是培养儿童学习品质的关键；该书介绍了九种学习品质的评价工具，如儿童观察记录量表、发展连续评价表、作品取样系统等。

由此可见，该书在以下方面将具有重要的现实价值：充分认识学习品质的价值，将学习品质作为幼儿园教育教学的重要目标；系统分析儿童学习品质的基本结构，关注学习品质结构要素的发展和培养；梳理、归纳学习品质的影响因素，深入研究儿童学习品质的培养策略，有针对性地探索儿童学习品质的培养路径；科学建构儿童学习品质的评价工具，实现"评""研""培"一体化；等等。我们深信，以这本研究学习品质的高质量书籍为媒介，能够为国内学前教育同仁认识学习品质带来新视野，为国内同仁从事学习品质的研究带来新思路，能够为实现我国学前教育的发展转向带来新助力。

◈ 目录

前　言

以回顾的方式开始前言，通常有利于我们理解问题。大约 20 年前，当时的美国总统和各州州长签署了一份名为《国家教育目标》（*National Education Goals*）的文件，其中，第一个目标是："到 2000 年，所有的儿童都已为入学做好准备。"我当时是第一教育目标技术规划小组（Goal 1 Technical Planning Group）的成员，我们这一组的一个职责是定义"入学准备"这一宽泛的术语。事后再反观我们对"入学准备"的定义，我确信，第一教育目标技术规划小组的成员们将学习品质包含在入学准备的多维度定义之中是非常英明的（Kagan, Moore, & Bredekamp, 1995）。

可以说，我们当时并不确定学习品质应该包括哪些内容，因为几乎还没有什么研究来证明学习品质是什么，以及它如何重要。然而，见多识广的学前教育专家们非常重视积极的学习品质。与学前教育"质量"其他各个方面一样，我们常常是一眼看到时便知道就是它，然后再展开讨论。然而，在早些年里，儿童的学习品质一直没有得到应有的关注，未进入人们的视线之中。

近年来，越来越多的家长和教师们已经非常清楚地认识到，过于强调阅读和数学领域的标准化考试成绩，会对儿童的学习动机和学习兴趣产生破坏性的影响。因此，在当前社会知识不断增长的背景下，马里奥·希森的这本佳作生逢其时，它揭开了学前教育发展史上的新篇章。

这本书填补了一段时间以来人们在这一研究领域的空白。在大家对如何定义学习品质这一棘手的问题还很困惑时，希森就对有史以来有关学习品质的散乱概念进行了系统化的梳理，在定义阐释方面提出了很多有价值的内容。她提出了许多不同的术语，用于从不同视角理解学习品质的概念，并帮助读者理解它们的相同之处与不同之处。

此外，希森将相关研究整合到一些维度中进行讨论，通过以事实为基础的实践来促进所有儿童的积极学习品质的培养，她也用一些方法来干预那些学习被动、兴趣缺乏的儿童。同时，作者也明确表达了自己在知识储备上的差距，并为未来开展研究设计了一份计划表。

本书消除了遗传作用的神秘感，可以帮助教师更好地理解不同学习品质的起源。希森描述了儿童所具有的学习品质，特别是内在倾向性，如何影响他们的个性特征和自我调节能力，同时她也清晰地解释了如何通过干预和有目的的教学调整这些学习品质。

希森真的是给学前教育工作者献上了一份厚礼。我们现在可以用《热情投入的主动学习者——学前儿童的学习品质及其培养》这本书所列出的框架来指导大家理解和交流关于儿童学习品质的话题。在"热情"（enthusiastic）和"投入"（engaged）这两个关键词里，希森不仅捕捉到了儿童学习品质的复杂性，而且抓住了它们内部相互关联的本质特征。她传递出的信息是：有效的学习既要求调动积极的情感和动机，也要求有主动的参与和行为，包括专注力、坚持性、灵活性和自我调节等。热情和投入这两个学习品质的关键词不是主要的学习目标，而是达成主要学习目标的必要保障——它们出现在所有课程领域的学习与发展中，并有助于儿童终身学习品格的形成。简而言之，为了快乐而快乐是不够的，因为我们的前提假设是：没有快乐和兴趣，不可能产生好的学习结果。

这本书还非常实用，是一本操作性很强的工具书，有详细的使用方法说明。这些说明包括以下内容。

（1）如何与每个儿童建立支持性的关系，以真正理解不同儿童的学习品质；

（2）如何运用学前教育课程来提升儿童的内在动机和活动参与性；

（3）如何采取特别的教学策略，来帮助儿童形成建立在学习任务上的动机和热情，以及对学习任务的全身心投入；

（4）如何准确评估儿童的学习品质；

（5）为了更好地理解儿童，如何理解他们的文化背景和个体需要，如何与儿童的家人合作，通过与家庭的伙伴合作来促进儿童积极学习品质的形成；

（6）倡导在所有相关教育政策中包含对儿童积极学习品质的提倡和培养。

在本书中，作者考虑到了文化差异和语言差异的事实，对许多结论进行了合理的区分。此外，她也特别关注了有特殊需要儿童的教育。

儿童、教师以及教室中的许多生动有趣的故事也以小插曲的形式出现在本书中，为理论的探索增添了趣味性。此外，作者的写作语言清新，具体生动，条理清楚，能够让读者在阅读过程中保持热情和投入的状态。

希森是我见过的在学前教育领域最热情、最投入的学习者之一。她持续不断地学习新知识，乐于学习和改变自己原有的视野。她还有一种特别的能力，就是生产新知识，传播新知识，与不同的读者交流。同时，对那些只有年幼儿童才能带给我们的独特的、无拘无束的快乐，她也从未失去探究的热情。我真的很高兴，也很感谢，希森扩展和加深了我们第一教育目标小组成员很久以前开始的工作。我相信，通过理解儿童积极学习品质的重要作用，学前教育专业人士在各自研究领域的热情度、投入度会变得更加强烈。

苏·布雷顿坎普（Sue Bredekamp）

◆ 致 谢

虽然只有我的名字出现在《热情投入的主动学习者——学前儿童的学习品质及其培养》一书的封面上，但这本书不只是我一个人的成果。感谢教师学院出版社（Teachers College Press），尤其是玛丽·艾伦·拉克达（Marie Ellen Larcada），她一直鼓励我探究学习品质问题并提出观点。同时，许多朋友和同事也对我说："是的，我们真的需要这样一本书，很高兴由你来写它！"

在学前教育领域工作的我们，都非常感谢美国国家教育目标委员会第一教育目标技术规划小组，特别是在苏·布雷顿坎普、莉莲·凯茨、伊芙琳·摩尔（Evelyn Moore）、莎伦·林恩·卡根（Sharon Lynn Kagan）等人的观念引领下，在20世纪90年代，我们将学习品质作为入学准备的关键维度提出并写入报告之中。我也很欣赏其他研究者的相关研究，并从他们的研究中汲取了很多营养。对我产生重大影响的研究者有克兰西·布莱尔（Clancy Blair）、爱琳娜·博瓦（Elena Bodrova）、黛比·梁（Debbie Leong）、卡罗尔·德维克（Carol Dweck）、约翰·梵图佐（John Fantuzzo）、阿黛尔·戈特弗里德（Adele Gottfried）、约翰·格思里（John Guthrie）、卡罗尔·伊扎德（Carroll Izard）、梅根·麦克莱兰（Megan McClelland）、罗宾·麦克威廉（Robin McWilliam）、弗雷德·莫里森（Fred Morrison）、鲍勃·皮安塔（Bob Pianta）、西布莉·雷瓦（Cybele Raver）、安·伦宁格（Ann Renninger）、小凯瑟琳·斯科特（Catherine Scott- Little）、狄波拉·斯蒂克（Deborah Stipek）、艾伦·威格菲尔德（Alan Wigfield）。在上述这些研究者的研究工作中，他们对儿童的学习品质，特别是对热情和投入的主要维度及影响因素的研究，不断为我提供了新的观点。

　　然而，如果关于儿童学习品质的理论探讨无法落在学前教育实践的土壤中，那也就不会相应地开花结果。在书中，我提供了一些来自学前教育实践项目中的插图和简短例子。有些例子源自我多年来作为教师、研究者、教师教育者、教师专业发展专家在不同实践项目中的观察。还有些例子来自于我对一些学前教育实践项目的参观，尤其是为写作这本书去做的一些特别观察。因为这些参观和观察，也因为受到教师、管理者和儿童表现的灵感启发，我要诚挚地感谢华盛顿地区的双语特许学校尼亚中心（Centro Nia DC Bilingual Public Charter School）、菲尼克斯查尔斯镇的游戏之家（Charles-town Play House，Phoenixville，PA）、华盛顿地区的朋友学校（the School for Friends）、新泽西州海王星镇的夏田学校（Summerfield School, NJ Neptune Township）。在使用上述机构的一些观察资料时，为了保护幼儿园、教师和儿童的隐私，我对一些细节描述进行了调整；为了更清晰地说明某些内容，我改编了一些内容，或将不同的观察内容进行了综合。

　　我还要特别感谢学前教育领域的同事们，包括全美幼儿教育协会（NAEYC）的好朋友们，教育部学前教育专家委员会（NAECS/SDE）的朋友们，儿童发展研究会（the Society for Research in Child Development）的朋友们，特殊儿童委员会学前教育分会（the Division for Early Childhood of the Council for Exceptional Children）的朋友们。他们关于有关政策和实践的观点帮我更好地理解了对儿童学习品质产生影响的复杂的"生态圈"。此外，我非常珍视 2007 年 6 月与 NAEYC 专业发展协会的朋友们开展的一次互动讨论，这些朋友是：玛格丽特·安农齐亚塔（Margaret Annunziata）、迪娜·克拉克（Dina Clark）、埃莉莎·胡斯-哈格（Elisa Huss-Hage）、朱莉·雷（Julie Ray）。他们有关儿童的热情和投入既可以获得支持、也可能遭到破坏的观点推动了与会人员的讨论，也带给我很多思考。我也要特别感谢詹妮斯·凯泽（Janis Keyser）关于以家庭为中心的学前教育的文章，它对第 9 章的写作有很大的影响；感谢阿黛尔·罗宾逊（Adele Robinson）在政策提议方面的工作，为第 10 章的很多内容提供了信息。感谢教师学院出版社幼儿教育系列图书的编辑莱斯利·威廉姆斯（Leslie

Williams），她对本书的影响以及在她领导下许多出版物所产生的影响都是非同凡响的。非常想念她！

即使得到了这么多人的帮助，在把草稿变成一本完成的书稿的过程中，还离不开苏珊·林迪克特（Susan Liddicoat）娴熟专业的编辑；帕特里克·卡瓦纳（Patrick Cavanagh）帮忙将我的涂鸦图表转换为专业图表；山姆·希森（Sam Hyson）阅读我的手写批注，并在电子文件中将其统统转化为"接受修订"。

当然，最后，我还要特别感谢我的家人——约翰（John）、丹（Dan）、杰斯（Jess）、杰夫（Jeff）、朱丽叶（Juliette）、山姆（Sam）、埃莉（Ellie），因为即使是在我过度投入时，他们依然保持对本书的热情、关注和耐心，而且他们在各自的生活和工作中也都表现出热情和投入的学习品质。

◆ 导 言

　　在幼儿园的第一周，莱昂和乔在玩拼图游戏。莱昂选择了一个特别难的动物拼图，他眉头紧皱，聚精会神。他先看了看拼图盒上的图片，然后寻找桌子上的拼图，当其他孩子在他身边喋喋不休地讲话时，他也丝毫没有分神。他把拼图排好，选择了其中一个，仔细地把它放到他认为正确的地方。当他试了几次都不对时，就把它放在一边，然后试另外一个看上去相似但在形状上有些不同的图形。他在一片拼图上多次尝试，最后找到了正确的位置。"就是它了！"他喊着告诉老师，开心地笑着，然后继续为另一片寻找它的位置。在坚持完成了整块拼图后，他拿起其中一张卡片——大象，"跳着舞"穿过桌子，去找朋友乔。

　　乔坐在莱昂旁边的椅子上。他是在对老师提出意见后才来到这个桌子边上的，"可是我并不知道怎样玩这些拼图。"乔就座后，选择了一块拼图开始玩，但很快他就放弃了，因为他无法为这块拼图找到合适的位置。然后，他消极地坐在那里，等别人来告诉他教室里还有什么别的东西可以玩儿。

莱昂和乔已经表现出不同的学习品质，即儿童在参与教育活动时表现出的动机、态度和行为。与乔的行为不同，莱昂表现出自信、好奇、坚持、渴望接受新的学习挑战。研究者越来越多地发现，这种学习态度和学习行为预示着儿童将来在学校学习和获得成功的能力。

"学习品质"（Approaches to Learning）这一术语首次出现在成立于1990 年的美国国家教育目标委员会（National Educational Goals Panel）所发布的报告中，该报告目的是为了评估和汇报儿童在六个目标方面的发展，其中第一个教育目标就是所有儿童都应该在入学前做好学习准备。在第一教育目标技术规划小组的一份报告中，卡根等人（Kagan, Moore, & Bredekamp, 1995）将学习品质作为入学准备的一个重要维度进行了说明。同时，他们也指出，"在所有入学准备的领域中，学习品质是最难理解、研究最少，或许又是最重要的一个内容。"（p.22）即便到现在，这些态度、性格或学习行为也被认为是获得学业成功的关键基础。

学习品质的核心要素

卡根等人（Kagan et al., 1995）、美国国家教育目标委员会（1997）、美国国家教育统计中心（the National Center for Education Statistics, 2002）以及其他一些研究者，从多个维度向我们描述了学习品质的核心要素。以下这些学习品质的核心要素在莱昂小朋友的行为中很容易看出来。

◆ 学习的内在动机。在上午的活动中，莱昂有很多选择，但他选择了有难度的拼图——不是因为他必须做，而是因为他渴望接受这一挑战。

◆ 学习的兴趣和快乐。莱昂的脸、声音、身体语言和他所做的选择，都表明他对学习有着好奇的、渴望的态度。他总是想知道怎么样、为什么，经常是第一个体验新挑战的志愿者。

◆ 投入度。莱昂深深地沉迷于自己所做的拼图工作。

◆ 坚持性。莱昂花费了较长时间，坚持完成了拼图工作。

◆ 计划性。莱昂玩拼图的策略说明他是先有计划，再琢磨如何找图块，然后再开始行动。

◆ 集中注意力、自我控制的能力。房间里很吵闹，孩子们陆续入园，开始上午的活动，但是莱昂仍专心于自己选择的拼图工作，偶尔抬头看看他的朋友们，又马上集中注意，完成拼图。

◆ 解决问题的灵活性。在原以为合适的一块拼图不能用时，莱昂尝试了另一种新的方法。

◆ 创造性。即使是在做像拼图这样只有一种正确答案的工作，莱昂也表现出了他的创造性，他让做好的拼图在桌子上欢乐地跳舞。

◆ 抗挫能力。当莱昂找不到合适的图块时，他没有表现出回避、愤怒或冷漠的态度。他或许因为自己不能搞定而内心不高兴，但他能约束自己的情绪状态和行为，克服困难，最终获得成功。

　　除了上述核心要素，研究者们还就关于学习品质的以下五点达成了明确共识。

◆ 儿童在童年早期便开始展露这些品质，发展这些行为；

◆ 即使在童年早期，儿童之间的学习品质也是各不相同的；

◆ 这些学习品质的各不相同影响了儿童的入学准备和学业成就；

◆ 儿童在家庭和幼儿园的经验可以强化或者削弱他们的积极学习品质；

◆ 学前教育项目可以运用一些具体的策略来提升积极学习品质，比如：加强与儿童的关系；与家庭一起工作；提供设计好的、支持性的教室环境；选择有效的课程和教学方法。

为什么要出版这本关于学习品质的书，而且是现在出版

虽然已经有了一些关于儿童学习品质具体要素层面的研究和发现，虽然我们认为这些有关儿童早期学习和发展要素的研究与发现具有重要意义，但是，我们确实刚刚开始把这些有关儿童学习品质的关键发现，及其对教育政策的影响，与在教育实践中的应用放在一起综合考虑。

对学习品质持续增长的兴趣……

学前教育的专业人士都知道儿童的学习品质很重要。教师、教师教育者和其他一些人士，都在寻找具体的方法来支持儿童积极学习品质的发展。他们也在寻找基于研究的教学策略，这些策略或可在课堂活动中应用，或可推荐给正在准备课堂活动的教师，或可在政策建议中使用。美国很多州已经有意识地将学习品质包含在各自的早期学习标准之中；联邦政府的提前开端计划也将入学准备的一些方面列入儿童的成就框架中。研究者们已经不仅提高了对学习品质的理解，而且已开始开展对学习品质的评估，并在课堂活动中进行教育干预。此外，全美幼儿教育协会的最新标准和认证体系也已经将学习品质培养作为高质量学前教育项目应该强调的一个重要方面。

……但是儿童面临多重挑战

虽然重视儿童的学习品质是一种前途光明的趋势，但是今天，儿童的学习兴趣、参与性、坚持性和动机等都面临着一些危险，而这些学习品质分别预示着那些处于危险边缘的儿童未来的成就和对学习的满意度。儿童所面临的危险部分来自于贫穷、暴力以及家庭或社区生活不稳定所带来的挑战。还有一些风险与学前教育课程、教学和评估的趋势相关，因为它们在降低而不是在提升儿童的积极学习品质。人们经常提到高风险测试的影响，这些测试往往强调狭隘的知识性目标，并过于强调对行为表现的外部奖惩。风险也来自于基于证据的学前教育专业发展研究还不够深入，教师

创造高质量的学前教育课程、培养儿童积极学习品质的能力有限。虽然风险还有很多，但我们可以采取补救办法来应对。我们要采取的行动是扫除各种障碍，更加直接地关注儿童的学习品质及其培养。

如何使用本书

本书的写作目的是为了帮助现在和未来的学前教育工作者、教育决策者有效运用能支持儿童形成积极学习品质的基本策略。本书所指的儿童虽然主要是3—6岁儿童，但是，积极学习品质的基础很早就建立了，它们的影响持续到小学低年级阶段。本书分为两部分。在本导言之后，第一部分描述了学习品质的概念性框架、证据基础、重要性以及幼儿学习品质的主要影响因素。第二部分为学前教育工作者提供了一些方便使用的具体工具，以帮助他们有效地关注儿童发展与学习领域。我希望本书的内容、组织结构和所用资料能够帮助读者更好地完成以下任务。

- ◆ 定义和描述学前儿童的学习品质；
- ◆ 了解哪些研究提到了学习品质的重要性，以及为什么重要；
- ◆ 理解儿童是如何养成积极学习品质的，以及哪些因素会降低儿童的学习品质，这是入学准备的重要方面；
- ◆ 在评估和提升儿童的积极学习品质时，在与家庭交流时，要考虑文化差异和个体差异；
- ◆ 制定和规划一些具体的策略来促进儿童积极学习品质的形成；
- ◆ 选择和使用儿童学习品质的评估指标和工具来策划干预方案；
- ◆ 学习如何修订课程和教学实践，来创设更广泛的机会以提升儿童的积极学习品质；
- ◆ 熟悉一些资源，帮助每个儿童在入学前拥有积极的学习品质；
- ◆ 在教育政策层面，呼唤更加关注儿童的学习品质及其培养。

《热情投入的主动学习者——学前儿童的学习品质及其培养》一书在

许多方面支持读者因地制宜地应用书中提出的一些观点。在本书中，我提供了大量的幼儿园活动现场图片。这些图片并非刻意作为完美的例子来进行展示，而是为了说明提升学前儿童学习品质的现实情况和挑战。贯串全书的一些实践性资源也是为了帮助读者思考和应用学习品质方面的知识。附录中给出了儿童学习品质的发展连续表，和一个帮助读者将书中理论付诸实践的行动计划表。此外，在每章开始时列有一系列目标，在每章结束时都留有一系列作业，来帮助读者进行反思、讨论和行动。期望这些内容能成为教师们或者培训者们用来推动小组讨论或布置课程作业的基础。

开始阅读本书

作为读者，如果抱着热情的态度全身心投入地阅读本书，你会受益良多。我希望你能够先浏览下每章目录，看看什么内容能够强烈地吸引你，或者对你来说具有重要意义，同时思考一下为什么会这样。如果可能，希望你和同学们或同事们一起进行上述工作。一旦开始阅读本书，请思考下面这些问题。

- 在你的人生中，哪些经历曾经点燃了你的兴趣？
- 你什么时候学习效果最好——以最大的热情和最深切的投入进行学习？
- 是什么帮助你成为一名富有动力的、投入的学习者？
- 你自己的学习风格是怎样的？你如何利用它来提升自己的专业成长？

当你开始了解学前儿童学习品质的更多内容时，毫无疑问，你自己也会从中学到很多。祝福你开启一段美好的阅读之旅！

第一部分

行动前的准备阶段：
考虑四个关键问题

作为学前教育工作者，为了准备好以有效措施来支持学前儿童形成积极的学习品质，我们首先需要考虑以下四个关键问题，这四个关键问题也就是第一部分的章节标题。

◆ 首先，我们需要对学前儿童积极学习品质的概念进行清晰、连续的描述。在第1章中，我回顾了学习品质概念的发展历程，以及积极学习品质的已有定义和分类方法。

◆ 其次，我们需要解释为什么积极学习品质对儿童的发展如此重要。第2章列出了这些方面的有力证据。

◆ 接下来，我们需要说明学习品质的影响因素有哪些，包括了儿童的个体特征以及他们所生活的文化、社会和政治环境。在第3章，我总结了关于这些影响因素的相关研究。

◆ 最后，我们既要采取有效措施，还得对当前严重阻碍儿童热情、投入地完成学习任务的因素有真实的理解。第4章分析了阻碍儿童积极学习品质发展的因素。

通过论述上述问题，第一部分的四章内容为第二部分的内容奠定了基础。在第二部分的内容中，我提出了一些在学前教育项目中培养儿童积极学习品质的具体工具和行动步骤。

第❶章
什么是积极学习品质

◆ 莫妮卡已经坐在艺术区桌边至少 15 分钟了。这个四岁的孩子一直在聚精会神地工作，尝试将不同颜色滴到咖啡滤纸上的圆圈里。在工作时，她的面部表情慢慢从严肃、专注到困惑、皱眉，再到最后滴出一个不可思议的效果时表现出惊奇、满足的笑容。

◆ 查尔斯和吉舒奥都是三岁左右的孩子。在教室的一个角落里，他们并排坐在一起，正在玩着骑马的游戏。他们都在跟着节奏骑马；跳起来时，他们偶尔会看着对方，微笑。每隔一段时间，他们中的一个人会变换骑马的方式，有时跳得更快，有时跳得更慢，或是站在马鞍上。然后另一个孩子会认真观察，并停顿一下，模仿这个新动作。这种轮流和模仿持续了很长时间。

◆ 在一个家庭育儿中心，户外沙池里有四个从十八个月到五岁的孩子。他们正在一起用手和小铲子挖一个大洞。从这个洞的尺寸来看，他们已经挖了好一会儿了。中心老师艾玛走过来对孩子们说，该进屋吃午饭了，但最大的孩子抗议说："可是我们正在工作！"

◆ 上午，在幼儿园的一个集体活动中，老师们安排了几张桌子，提供了一些开放性的艺术游戏。格斯取来了纸和蜡笔，开始画一个人，他画的这个人有圆圆的头、圆圆的身子。他坐在那里，偶尔思考和停顿，咬手指，仿佛他刚刚想起了什么。他慢慢地在画上添加了两只胳膊和手，然后又坐在那里看他的作品。有位参观的家长问他："格斯，你今天是累了吗？"格斯回答说："不是，我只是在思考。"

◆ 幼儿园里，全班同学在玩一个游戏。每次都是两个孩子一起玩，他们要用额头把一个大球夹住，一起从地毯的这一边走到那一边，不让球掉下来，也不能碰球。当两个孩子共同努力完成这个具有挑战性的任务时，教室里每个人都在聚精会神地看着他们。

这些例子都表明，儿童在使用积极学习品质。但是我们所说的"学习品质"到底是什么呢？早期儿童发展中，哪些特定的情感、行为和倾向是学习品质的必要组成部分呢？

本章开始时，我要向读者介绍学习品质的概念。我会谈论这个术语的起源，它源自于美国要求做好入学准备的大环境和美国国家教育目标委员会的工作。接下来，我会探讨学习品质及其相关术语的定义。然后，我会特别关注作为学习品质要素的情感、动机、态度和行为等。为了合理组织这些要素，我提出了学习品质的理论框架，且这一理论框架的应用将贯串本书始终。

本章目标

在读完本章后，你将能够更好地：

1. 向别人解释学习品质的起源、定义及与其他相似术语的关系。

2. 理解儿童学习品质的各个要素。

3. 批判性地分析书中有关学习品质的理论框架。

一、学习品质的概念——一些历史背景

在导言部分我们讲过，人们将"学习品质"当作一个术语，用来描述儿童在学习情景中的态度、倾向或典型行为，如好奇心、坚持性及解决问题的灵活性。下面我们简短回顾一些历史，这样可以让我们理解在学前教育领域使用学习品质这一概念的原因。

（一）入学准备的背景和美国国家教育目标

虽然早在 20 世纪五六十年代，人们就对做好入学准备这一问题（Meisels, 1999；Vinovskis, 1995）进行了很多讨论，但美国最近一次关注这一问题是在 20 世纪 80 年代。1983 年，美国颁布了《国家处于危机中》（*A Nation at Risk*）报告（U. S. Department of Education, 1983）。这份报告描述说，美国学校"表现出越来越平庸的趋势"，并发出警告，这会使美国在与其他国家的竞争中陷入劣势地位。在这份报告的影响下，1989 年，美国总统布什（G. H. W. Bush）召集各州首脑召开了一次教育峰会。这次峰会提出了六项国家教育目标，后来又扩展到了八项，并提出了具有挑战性的要求：美国要在 2000 年实现这些目标。同时，美国还成立了一个新机构——美国国家教育目标委员会（NEGP），来评估和管理这些教育目标的实施进度。与这些教育目标及其理论基础相关的内容已在 1991 年正式出版，名字是《国家教育目标报告：建立学习者的国家》（*The National Education Goals Report: Building a Nation of Learners*）（National Education

Goals Panel, 1991）。1994 年，美国国会制定了《2000 年目标：美国教育法案》（*Goals 2000: Education America Act*）。虽然在 2000 年没有成功实现所有目标，但美国国家教育目标委员会的工作一直持续到 2002 年，他们提出的这些教育目标持续影响着美国联邦政府和各州政府后来的教育政策。

　　由联邦政府和各州管理者提出并经国会认可的美国国家第一教育目标是"入学准备"。具体来说，美国的国家第一教育目标是："到 2000 年，所有美国儿童在入学时已经做好了学习准备。"学前儿童发展领域以及教育领域的许多专家都强调学前期的重要性，但不认可学习是在进入学校之后才开始的观点。国家第一教育目标技术规划小组的工作主要针对入学准备，其成员是全国来自早期教育研究、政策研究和实践领域的佼佼者。他们的任务是进一步厘清"准备学习"（ready to learn）和"入学准备"（school readiness）两个概念。这个小组没有刻意使用"准备"（readiness）这一术语，而是界定了明显有助于儿童在正规学习中取得成功的"早期学习和发展"的五个维度（NEGP，1997，p. 3）。

（二）美国将学习品质作为儿童早期学习和发展的必要维度

　　美国国家教育目标委员会（NEGP）第一目标技术规划小组（Goal I Technical Planning Group）界定了早期学习和发展（也有人称之为入学准备）的五个维度：（1）身体健康和体能发展；（2）社会性和情感发展；（3）学习品质；（4）语言发展；（5）认知和一般知识（Kagan et al., 1995）。

　　虽然在前面描述的入学准备和早期学习中通常也包含了其他一些维度，但第一目标技术规划小组为学前教育领域引入了一个新术语——学习品质，并将其作为五个维度中的第三维度出现。之所以增加"学习品质"，是因为第一目标技术规划小组的成员强烈认为，"儿童只是掌握知识、技能和能力对于未来的成功是远远不够的……儿童必须具备统领这些技能和能力的**倾向**"（Kagan et al., 1995, p.23）。"倾向性"（inclination）这个词是第一目标技术规划小组试图在"学习品质"（Approaches Toward Learning，也可叫作 Approaches to Learning，后一用法更为常见）这个术语中要捕捉到的关键。受儿童先天和早期的一些特质影响，学习品质指的是"儿童如何进入学习情境，即**学习风格**（learning styles）……是体现不同情境下儿童反应方式特征的变量的聚合"（Kagan et al., 1995, p.23）。换个说法，学习品质描述的不是学习**什么**，而是**怎样**学习。在本章开头的例子中，重要的不是格斯的绘画能力，而是他在计划绘画的过程中**怎样**停下来思考；重要的也不是幼儿们是否能成功地用额头夹着球在教室奔走，而是这些结对的幼儿**如何**热情地、有计划地一起面对这一新挑战。

二、学习品质与其他相关术语的比较

第一目标技术规划小组把学习品质这一术语看作"涵盖一系列学习态度、习惯和风格的总称"（Kagan et al., 1995, p.23）。然而，还有其他一些总称性术语或广义定义也可以描述这些品质特征。下面，我简短地梳理一下"倾向"（dispositions）"学习行为"（learning behaviors）"与学习相关的技能"（learning-related skills）这三个术语。

（一）倾向

莉莲·凯茨（Lilian Katz, 1991, 1995）多次在文章中使用"倾向"一词，用法接近于"学习品质"。她强调倾向应该与知识、技能和情感一样，包含在任何课程的主要目标以及一般教育目标中，尤其应包含在早期儿童教育目标中。

（二）学习行为

"学习行为"是儿童学习与发展领域的另一个总称性术语。梵图佐（Fantuzzo）和他的同事们将学习品质定义为"一系列独特的行为，这些行为预示着儿童参与课堂学习活动的方式"（Fantuzzo, Perry, & McDermott, 2004, p.213）。在他们的著作中，经常使用学习行为一词，而不是学习品质，以此强调可观察的、可测量的行为。这个研究小组强调，这些学习行为不仅对学业成功很重要，而且有助于通过设计好的课程和教学策略提升学习品质（Rouse & Fantuzzo, 2008）。

（三）与学习相关的技能

其他一些研究者（McClelland, Acock, & Morrison, 2006）使用另一个总括性术语——"与学习相关的技能"。在他们的早期著作中，也称作"与学习相关的社会技能"（e.g., McClelland & Morrison, 2003）。在他们的著作中，这一术语包含许多特征，如自我控制、合作、果断、计划和自我调节技能。

（四）本书选择"学习品质"这个总称性术语

虽然从理论上讲，其他总称性术语可以与学习品质互换使用，但是，我们仍然选择"学习品质"作为早期学习与发展领域中代表此方面内容的主要术语。因为，学习品质这一术语具有几大优势：首先，它的出现、发展都与儿童的早期发展和入学准备相关（如 Chen & McNamee, 2007; Fantuzzo et al., 2004）；其次，它被很多州政府用作早期学习标准和入学准备的起始维度，是很多州早期学习标准的内容之一（Scott-Little, Kagan, & Frelow, 2005）；最后，2001 年，提前开端计划委员会在开发《儿童成就框架》的内容时，将学习品质这一术语作为该框架八个维度中的一个进行描述。

采用学习品质这个总称性术语，需要注意：学习品质没有单一的、公认的定义。例如，有些人用学习品质来强调儿童与生俱来的气质差异或学习风格差异，但同时，还有些人强调儿童的学习品质是后天学习的行为，会随着时间的改变而改变。有些时候，学习品质这一术语被使用得太过宽泛，以至于它已经失去了具体的意义。

在牢记上述注意事项的同时，我们在引用重要的相关概念和术语时，使用学习品质这一概念作为总称。

三、走向对学前儿童学习品质概念的理解

用学习品质来作为学习方式的一般术语是符合要求的，但仅仅这一总称性定义还不够。如果不对学习品质的要素进行清晰地描述，那么这一

术语就不能为学前教育工作者提供精确的内容。

（一）学习品质的结构要素

美国国家教育目标委员会第一教育目标技术规划小组认为，学习品质包含五个方面，分别是：对新任务、新挑战的开放和好奇；主动性，完成任务的坚持性，专注；反思和解释的品质；想象和发明的能力；对任务的认知方式。这五个方面合在一起，被称为"影响儿童进入学习情境的变量"（Kagan et al., 1995, p. 23）。第一教育目标技术规划小组的报告简要描述了"学习品质"中所包含的各个维度。回过头来看本章开头的内容，很容易找到这样的例子。

虽然多年来第一教育目标技术规划小组列出的内容一直拥有当之无愧的影响力，并被广泛使用，但近年来，很多组织和个人已经扩展、改写或重构了这些维度。此外，发展心理学家和教育研究者调查了很多处于这一概括性术语下，但是尚未被研究者贴上学习品质要素标签的结构要素。这些结构要素包括：学习的内在动机、好奇心、参与性、执行力、集中注意力、兴趣、喜欢接受挑战、解决问题的灵活性、自我调节和坚持完成任务。

（二）学习品质框架的标准

如果我们从已有研究资料中提炼学习品质的特点，并把它们综合为一张长列表，相信教师们一定会有学习品质概念如此宽泛的感觉。实际上，对教师、其他专业人士和政策制定者而言，这样的列表并没有什么实际意义。我们需要一个框架，这个框架可以覆盖学习品质的必备要素，并将它们系统地组织起来。这样的框架应该符合以下三个标准。

1. 概念上有意义

这个框架应该从发展心理学和教育心理学的视角，以一种有意义的方式进行组织，而且还应该与其他人对这一领域相关内容的组织方式一致。这一标准将帮助使用这一框架的人们将框架与其他研究工作结合起来，并产生明确的联系和聚焦。

2. 基于专业证据

这个框架应该建立在专业实践和研究证据之基础上，强调与儿童学习成果紧密相连的构成要素。

3. 具有实践性

这个框架应该对学前教育实践者的日常工作和教育政策制定者的教育决策具有实际的应用价值。框架应该是易于理解、容易记忆和描述的，应适用于不同场景，并且应该集中关注那些学前教育实践者和教育政策制定者可以用来操作的内容。

我提出的这个框架，如下图 1.1 所示，已尽力去符合上述三个标准。

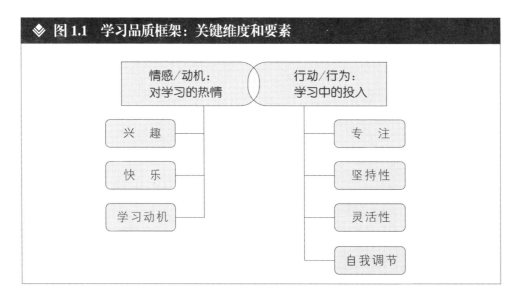

◈ **图 1.1　学习品质框架：关键维度和要素**

四、热情和投入：积极学习品质的两个基本维度

贯串全书的学习品质研究框架由两个基本维度组成：对学习的热情（enthusiasm）和学习中的投入（engagement），每个维度又包含许多具体的要素。我坚定地认为，学习品质的概念必须包括情感和行为两方面，也就是，情感/动机维度和行动/行为维度。虽然有人可能认为，这两个术语的内涵不够精确，但本书仍将情感/动机维度定义为"热情"，将行动/行为维度定义为"投入"。

我们来回忆一下本章开头讲到的四岁的莫妮卡。毫无疑问，莫妮卡在活动中表现出了积极的学习品质——既有情感的，又有行为的。虽然矜持的性格使她的情感流露有些低调，但她还是以自己的方式，既热情又投入地学习着。

莫妮卡的例子说明了最新理论和研究中的很多发现：情感是所有行为的主要驱动力（Hyson, 2004; Izard & Ackerman, 2000）。在莫妮卡产生积极学习行为，如坚持性或专注力（她将彩色水滴到滤纸上，专注了 15 分钟不受干扰）之前，需要情感（如兴趣、好奇、高兴等）的带动，也需要像想要学习、想要胜任活动之类的动机的激励。当然，互动关系是双向的：莫妮卡在滴水游戏中的成功和主动参与，进一步增强了她的愉悦感、成就感和掌控力——这些感觉进而激励她更加努力地投入到其他有挑战性的项目中，并坚持完成。

这两个维度的每一个方面——对学习的热情（情感／动机维度）和学习中的投入（行动／行为维度）——都包括许多具体的要素。这些要素符合之前描述的标准：它们在概念上是有意义的，是以研究证据为基础的，是以实践应用为导向的。本书在后面的章节会更详细地讨论这些要素。在此部分，我将简单解释一下它们的必要性，并用开头讲到的莫妮卡的例子说明每个要素。

（一）情感／动机：对学习的热情

如图 1.1 显示，在我看来，对学习的热情（Enthusiasm for Learning）包含三个要素：兴趣、快乐、学习动机。

兴趣。学前儿童对周围世界具有与生俱来的兴趣和好奇。情感发展理论和研究（Hyson，2004; Izard & Ackerman, 2000）把兴趣作为一个基础情感。兴趣对促进儿童的注意力、探索性、坚持性行为等的发展非常重要。想想莫妮卡：当她首次坐在艺术桌边时，第一次看到圆圆的滤纸、装了彩色水的小滴管，这些东西的新奇性吸引着她，令她好奇。她的脸上表现出兴趣：她的眼睛在看材料时睁得很大。对于一些儿童来说，这种兴趣转瞬即逝，但对莫妮卡来说，随着时间的推进和在别人的帮助下，她对这种精美的、细致加工的活动有了深层的兴趣，这使得她进一步参与和完成任务（Renninger, 2000; Renninger & Hidi, 2002）。与学习品质的其他要素一样，学习兴趣必须受到学前教育工作者的重视，并进行有针对性的培养。

快乐。快乐也是情感 / 动机维度的一部分。与兴趣驱动儿童一样，快乐（愉悦、幸福、享受）也是儿童参与学习的有力推动。就像我们在莫妮卡用滤纸和彩色水所做的拓展活动中看到的，儿童常常对那些使他们感到快乐的活动非常投入。莫妮卡创造美丽模型的成功给她带来了快乐，或者如皮亚杰（Piaget, 1962, p.91）描述的那样，是"有缘由的快乐"。这些感觉很可能会激励她在未来探寻类似的活动，进而建立长期的、积极的学习螺旋。

学习动机。似乎从婴儿期开始，儿童就有了观察周围的世界、寻求新挑战、掌握新技能、变得越来越能干的动机。这种动机包括了探究、控制和影响环境的欲望，以及发现学习新事物是一种有意义的、有价值的活动——即使这种学习没有受到奖励——的心理倾向（Stikpek, 2002）。

莫妮卡一个人坐在艺术桌边，不需要任何人的鼓励就能继续做有挑战性的工作，在纸上创造复杂的模型。没有人要求她参与这个活动，她之所以参与，也许只是因为她喜欢战胜这项新挑战。

（二）行动 / 行为：学习中的投入

如图 1.1 所示，学习中的投入（Engagement in Learning）是学习品质框架中以行动为目标的维度。虽然有人用更为具体的意义来定义"投入"这一术语（如 McWilliam, Trivette, & Dunst, 1985），但本框架使用的是下列四个实用、易记的术语：专注、坚持、灵活和自我调节。

专注。专注是投入的核心要素。在后面的章节我们将看到，集中注意力是心智过程的一个方面，这时大脑在执行非常重要的"控制功能"（Rothbart, Sheese, & Posner, 2007; Zelazo, Müller, Frye, & Marcovitch, 2003）。莫妮卡的注意力保持超过了 15 分钟，能屏蔽附近其他人产生的噪音，专心操作纸和滴管，来创造她想要的效果。

坚持性。莫妮卡不仅将注意力放在艺术活动上，而且她还能在有难度的任务中坚持下去或持续尝试。当任务具有挑战性时，可要求儿童坚持下去，忍受挫折，克服困难并获得积极的效果，这是入学准备的一个重要因素（Fantuzzo et al., 2004）。

灵活性。坚持是重要的，但是只会坚持可能使儿童"卡"在一种策略上（George & Greenfield, 2005）。莫妮卡及其他拥有积极学习品质的儿童也表现出灵活性、变通性、处理困难的创造性等。莫妮卡再次为我们提供了这方面的例子。起初，莫妮卡突然将水从滴管中撒了出来，结果导致作品看上去不太令人满意。因此，第二次，她尝试用不同的技巧，将小滴管慢慢倾斜，把水滴有规律地挤出来。然后，她坐下来，观察作品的样子，再尝试另一种方法。

自我调节。什么是自我调节？它可以解释成儿童用自主自愿的态度、有目的地管理自己行为的"能力"（Bodrova & Leong, 2007, p.127）。教师或许认为自我调节包括我们上面列出的一些要素，但是在这个框架中有必要再单独强调一下它。自我调节随着年龄的增长而发展，它需要成人的支持，在后面章节中将会说明这一点。具有适宜的自我调节能力的儿童会调节他们自己的身体动作、情感表达和认知过程。莫妮卡会管理自己的行为、对新艺术活动的喜好、对材料的使用思路，几乎不需要成人来引导她开始活动。

（三）为什么将这些要素称为"积极"学习品质

在本书中，我经常使用"积极"学习品质这一术语，用来强调与儿童的积极学习和发展成就紧密相关的情感、动机和行动、行为。不是所有的学习品质都会产生好的结果：儿童可能在完成学习任务时是易受干扰的、不投入的、不振奋的，是避免而不是渴望接受新挑战的。不难设想，在莫妮卡班上，坐在艺术桌边的另一名儿童，他拿起几张滤纸，设法用滴管操作，一开始没成功，他迅速放弃，然后失望、沮丧地离开了这个游戏。这种行为模式也是一种"学习品质"，但它不是学前教育工作者希望强化的品质。

五、应用这个框架

对于学习品质这一框架包含的上述要素，本书还没有形成一个完整的描述。但是，无论从研究的角度，还是从专业实践的角度，这些要素都非常重要。下面我以一种便捷的方式进行简单的描述，这会让大家更容易记住和应用。

这个框架可以灵活使用。它并不是刚性的，而只是用来帮助大家理解学前儿童学习品质的一个工具。例如，框架包括了对学习的热情和学习中的投入两个维度，这可以帮助实践工作者认识到学习品质既有动机维度，还有行为维度，以便于他们同时培养这两个维度，并将这两个维度联系起来。

这个框架可以方便地提醒人们注意学习品质的一些关键内容，可以引导课程设计和教学策略，可以用来组织阅读信息和专业发展讨论，可以成为政策制定者和其他决策者的交流工具。最后，这个框架是不断发展的：为了更好地反映学前教育研究和实践，这些维度和要素可能会被重新组织、增加或修订。

六、回顾与展望

回顾一下本章开头对学前儿童行为特征的描述，现在可能更容易看出孩子们对学习的热情和在学习中的投入，以及学习品质的基本维度和具体要素。在下面一章，将讨论为什么这些特征对儿童的学习和发展非常重要。

思考、讨论与行动

1. 回顾一下本章开始部分对学前儿童行为的描述，思考学习品质的定义和有关要素。在本章所描述的这些积极学习品质的不同要素中，你发现了哪些事实证据？你可以收集一些自己的观察实例。

2. 作为教师，你如何向家长解释你对早期教育项目中的"学习品质"的理解？可以尝试用两种方法：（1）口头表达，在家长会上用语言进行展示；（2）书面形式，在家长手册中用部分内容进行解释。

3. 回顾本章所描述的学习品质的具体要素。从你的个人经验或专业角度思考，这个框架要素的列表中是否漏掉了一些内容？你认为哪些要素是最重要的？

第2章
为什么要重视积极学习品质

　　一组三岁的幼儿正在给一张桌子涂颜色。教师指导他们使用自己想用的颜色，并自己进行设计。一张装饰好的彩色桌子和两把椅子将要在下周的学校募捐会上进行拍卖。有个叫本的孩子往后退了几步，认真看了看大家正在涂色的那张桌子。然后，他用刷子在紫色颜料桶里蘸了蘸，开始刷还没涂上颜色的一条桌子腿。由于够不着这条桌子腿的另一边，他猫下身子，钻到桌子底下，蹲下来，够着后完成了工作。另一个孩子，安娜·玛丽安，专心致志地用她的刷子涂画桌面上的一个区域，并将桌子的最后一个角用明亮的蓝色涂好。在她完成后，她的脸上露出灿烂的微笑，她满意地点了点头。

回忆一下，在第 1 章里，我介绍了学前儿童积极学习品质的概念和框架，以及学习品质的主要维度和要素。在读完上一章后，你就能从本、安娜·玛丽安画桌子的游戏中识别出学习品质的一些维度和要素。

但是，为什么我们要如此重视儿童行为和发展的品质呢？在本章中，我将汇总一些有说服力的证据来证明学习品质为什么如此重要。这是因为学习品质既有内在的价值，也对儿童成长的许多方面有利。我同时也认为，要谨慎地思考和对待这些事实。本章总结、描述了三种方法来解释为什么学习品质可以影响儿童的发展和学习成就。

◆ **本章目标**

读完本章后，你将能够更好地：

1. 让大家相信，每个人都有权利在童年时体验对学习的热情和在学习中的投入。

2. 让大家相信，如果儿童对学习的热情和在学习中的投入得到了强化，他们很可能会有更好的学习和发展成果。

3. 相信有关学习品质的研究成果，同时谨慎使用。

4. 解释学前儿童的积极学习品质怎样产生如此广泛、持久的影响。

一、热情和投入具有内在价值

当前的教育氛围所带来的后果是，社会对于学业成绩极度关注。因此，对于学习品质的兴趣多集中在帮助儿童在以后的学业生涯中获得更好成绩的潜力上。虽然本章会列出支持这类结论的很多证据，但更为重要的是，要认识到儿童愉悦、快乐、深入地参与学习的内在价值。

五岁的杰西卡，用手托着下巴，聚精会神地盯着教室里的宠物——兔子弗拉菲。她和布兰德一动不动地坐在那里，看弗拉菲啃一根胡萝卜，足足有 10 分钟。接下来，他们开始了今天的工作：给弗拉菲换水。他们耐心地弄明白了怎样将瓶子从笼子里举着取出来，然后想办法拧下瓶盖，给瓶子装上水，再把它塞回笼子里。他们完成后，脸上挂着幸福的微笑，又坐在笼子前，观看弗拉菲喝新鲜的水。

是否只有那些在以后的学业成绩和社会交往中发挥作用的经验才重要呢？当然不是。儿童观察弗拉菲吃胡萝卜和喝水时的极度好奇本身就是有价值的，这价值就是与朋友解决困难问题后所获得的幸福感和满足感。

这种全神贯注将热情与投入结合在一起，这种体验被称为"意识流"（Flow）体验。斯基米哈伊（Csikszentmihalyi, 1990）将"意识流"描述为关注、投入、深度参与活动的最高水平，是指"人们非常专注于手头的任务，以至于他们失去了时间和空间意识"（National Research Council, 2003, p.32）。上述例子符合这一描述，杰西卡和布兰德如此投入，他们幻想自己进入了弗拉菲的世界，为弗拉菲换新鲜的水，因此，教室里所有其他活动都被他们屏蔽了，甚至连整理环节的音乐声都没有听到。

因此，在考虑积极学习品质的学业价值之前，我们需要提醒大家，成年人有责任确保儿童是开心的、好奇的、有内在奖励的，而不只是为未来的成功做准备。父母、教师和社会成员应创设条件，让儿童经常体验这样的感觉，发展丰富多彩的、持久愉悦的兴趣。简单来说，让儿童感受到学习的激情，在学习中感受到兴趣、好奇、快乐，并深深地投入一个有挑战性的新经验是好事情。

二、热情和投入是学习的基础

积极学习品质除了具有内在的价值，还对儿童大有裨益。本和安娜·玛丽安在给桌子涂颜色时的专心致志，杰西卡和布兰德在观察、照顾兔子弗拉菲时的愉悦投入，都为未来的积极学习奠定了基础。在这一部分，我总结了一些积极学习品质的好处，引导大家发现一些较为深入地讨论这些重要研究成果的资料，部分内容在本书后面的章节中也会讲到。积极学习品质的作用最明显地体现在认知和学术领域，但是在其他领域，我们也能看到其对儿童学习和发展的积极影响。研究证明，这些好处不只是短期的效益，而且能够影响以后若干年的教育效果。

（一）有助于提升儿童认知技能和学业能力的研究案例

热情、投入有什么好处？接下来我们来看一些关于学习品质总体价值的研究，看看它们对于儿童的认知发展和学业成就有何帮助。在本研究中，无论研究者是称为"学习品质""倾向""学习行为""与学习相关的技能"或使用其他一些术语，我们都统称为"学习品质"。

到目前为止，在有关儿童学习品质对于认知和学业发展有效性验证的研究中，最大的一项研究是由美国国家教育统计中心（NCES，2002）实施的学前儿童纵向研究（the Early Childhood Longitudinal Study）。在这个研究中，样本是来自全国各地的、具有代表性的 20 000 多名儿童，得出的结论是：在大班开始时，教师认为具有积极学习品质的儿童（例如，看上去更渴望学习、能坚持完成任务等），通常在大班下半学期和一年级的数学、阅读学习中成绩更好。事实上，他们的阅读和数学得分排进前25% 的可能性是那些不具有积极学习品质的儿童的两倍多。

与上述结论相似，约翰·梵图佐和同事们经研究发现，在提前开端项目中，如果来自城市低收入家庭的儿童拥有较多的积极"学习行为"（如注意力集中、坚持性、自主性等），那么在词汇技能方面，他们会有更强的接受能力和表达能力（Fantuzzo et al., 2004）。

还有一个研究团队——梅根·麦克莱兰和她的同事们耗时多年，对儿童从幼儿园大班到小学六年级的学习进行了纵向研究，寻找那些"与学习相关的技能"（包括自我约束和社会胜任）的影响（Megan McClelland，2006）。在对智商（IQ 分数）、母亲的受教育水平等变量进行控制后，结果显示，那些在大班就拥有较好的"与学习相关的技能"的儿童，在后来的学习中，阅读和数学得分较高。

积极学习品质对认知发展和学业成就方面的益处在另外一些研究中也得到体现，如一些聚焦于学习品质更加具体的维度和要素方面的研究。接下来，我们先来看一些学习热情方面的要素，然后再来看学习投入方面的要素。

兴趣 兴趣、好奇心、求知欲，无论这个要素被怎么称呼，它似乎都不能预测认知成绩和学业成就。但很多研究表明，儿童的好奇心有助于增加记忆力、理解力，会引起选择性注意（Renninger, Hidi, & Krapp, 1992）。例如，因为杰西卡和布兰德对兔子弗拉菲非常感兴趣，所以他们记得关于动物行为和饲养方面的很多细节。一个综合了许多研究成果的元分析显示（Schiefele, Krapp, & Winteler, 1992），兴趣可以持续预测儿童的学业成绩。也就是说，那些在某些领域有着更强烈、更浓厚兴趣的儿童，更有可能表现出色。一项最新的研究发现（McTaggart, Frijters, & Barron, 2005），与那些对阅读不太感兴趣的儿童相比，声称自己有阅读兴趣的大班儿童在二、三年级时表现出更强的阅读能力。

学习动机 研究者发现，具有更强学习动机的儿童更有可能取得更高的成就。特纳和约翰逊（Turner & Johnson, 2003）给出了解释：动机会刺激儿童更多地了解环境中的人和事，有助于儿童将来获得较持久的学业进步。

用来描述动机的术语虽然表述不同（优势动机、学习动机、学术内在动机、直觉动机），但在认知发展和学业成绩上的影响是非常一致的（Broussard & Garrison, 2004; Gottfried, 1990; Turner & Johnson, 2003）。例如，有研究者发现，在阅读区，与受外部动机奖励的儿童相比，那些渴望成就、渴望完成自我选择目标的儿童，其阅读理解能力发展得更好（Guthrie & Alvermann, 1999）。再如，研究者对四岁儿童的相关研究（Turner & Johnson, 2003）表明，在优势动机上的不同（比如，他们为了胜任感或掌握某项技能而产生了解决问题的动机，就不需要外部的表扬或奖励）可以预测他们以后在多个领域的成绩，如语言表达和理解领域，数字、字母和字词识别领域，数数、数概念和数问题解决等。当研究者试图通过儿童的学术技能考试分数来预测其未来的成就时，那些具有优势动机的儿童所取得的成就很可能已经远远超过单从测验成绩视角所预测到的成绩。这再一次证明，是动机带来了这种差异。

投入 学习中的投入是"动机过程得以促进学习和发展的一个重要路径"（Hughes, Zhang, & Hill, 2006, p.449）。很多研究表明，就像杰西卡和布兰德参与帮弗拉菲换水的工作一样，投入是与儿童的积极学业成就和认知发展紧密相连的。有研究比较了不同"水平"的投入——从非常基础的投入到较高级、较复杂的投入水平（例如，更具象征性的行为、建构性游戏、坚持性）——对学业和认知的益处。毫不意外，在这些研究中，那些表现出较高投入水平的儿童往往更能胜任工作，并取得好成绩（Ridley, McWilliam, & Oates, 2000）。研究者（Rimm-Karfman, La Paro, Downer, & Piana, 2005）通过对儿童从幼儿园小、中班到大班的过渡过程进行广泛研究发现，儿童在大班课堂中的学业成就可以通过其在课堂活动中的积极投入程度来预测。

自我调节　在学习品质框架中，我认为，自我调节是投入维度的一个重要要素。具有良好自我调节能力的儿童更有可能获得学业成功（Blair, 2002; Bodrova & Leong, 2007; Hyson, Copple, & Johes, 2006）。自我调节包括自我指导下思考问题和解决问题的能力，以及元认知的能力（即思考自己想法的能力）。自我调节的一个关键特征是计划能力：会计划的儿童，在执行计划过程中可能会发展更高级的认知技能（Hyson et al., 2006）。我们在前面看过儿童做计划的例子，如安娜和本思考如何画桌子，然后落实他们的想法。杰西卡和布兰德尝试想办法给弗拉菲的瓶子装水时，也是在运用计划能力。

灵活性　灵活性是学习品质的另一个要素，有助于儿童日后取得好的学业成绩。研究者发现，那些在问题解决和完成任务品质上较为灵活的儿童，更会根据需要改变策略，并在幼儿园大班和一年级的学业测试中得分较高（George & Greenfield，2005）。我们在前面看到过这种关于灵活性的例子，如当布兰德和杰西卡不能从笼子里取出水瓶时，他们试了别的方法，直到找到有效的解决方法。同样，在第 1 章中，莫妮卡在艺术区使用的灵活方法，也在很大程度上可以预测她在学业或认知领域的成就。

（二）积极学习品质对社会和情感领域的影响

虽然多数研究都只关注积极学习品质对儿童学业和认知方面的益处，但在这些研究中，也显现出了积极学习品质对社会和情感领域的影响。例如，我们可以推测出，当本和一群孩子参与到假想游戏中时，或者他作为新生来到一年级教室中努力交朋友时，本会运用他在绘画项目中展示出的能力，积极专注于活动和任务的完成。下面再举几个关于这类研究的例子。

在提前开端城市项目研究中，据父母和教师观察，在注意力/坚持性、学习态度方面较为积极的儿童，在与其他儿童互动时的表现也更为积极和有建设性（Fantuzzo et al., 2004）。在同一研究中，那些获胜动机较低的儿童，在自由游戏中不太善于与其他儿童互动、交往。西布莉·雷瓦和同事们证明，儿童调节表达情绪（如生气或伤心）方式的能力，可以预测儿童成年后与同龄人交往的社会能力（Raver, Blackburn, Bancroft, & Torp, 1999）。

三、为什么积极学习品质可以预测学业成绩和社会成就

虽然有很多研究空白仍然需要填补，但表2.1仍提醒我们注意：在解释已经完成的研究时，有充足的理由相信，儿童的积极学习品质对他们的学习和发展有着不可替代的、重要的作用。但是为什么呢？为什么积极学习品质可以预测更好的学业成绩和社会技能呢？为什么你认为在幼儿园对画画非常感兴趣并能坚持的安娜，和愿意学习一切与兔子相关事情的布兰德，将来会有更好的学业技能？或者为什么可以预测安娜、布兰德会更容易被其他儿童接纳，与大家友好相处？积极学习品质并没有什么神奇的地方，但是很明显，热情和投入在后来的学习和发展中发挥了独特的作用。

◆ 表2.1 关于现有研究证据的注意事项

有关积极学习品质好处的证据非常多。但是，在解释和使用这些研究成果时，大家应该注意以下内容。

- ◆ 研究尚有空白。学习品质的有些方面尚未被研究，这些方面与以后的学业、认知和社会成就的关系尚难判断。
- ◆ 即使有些维度得到了研究，但仍然需要更为详细的定义、更为细致的测量。例如，几乎没有研究是直接观察儿童的学习品质，都依赖于教师的报告（尽管这些也提供了信息）。

> ### ◆ 表 2.1 关于现有研究证据的注意事项
>
> ◆ 在针对小学生和中学生的研究中，发现了一些非常有趣的受益模式。其中一些（但不是全部）已被应用于年幼儿童身上。
>
> ◆ 除一些例外，研究主要在中产阶级的欧美儿童中进行。在本书后面内容中还会讲到，在不同文化、语言和收入群体中，积极学习品质的受益模式会不同。
>
> ◆ 关于积极学习品质对有特殊需要儿童的有益影响的研究还很少。
>
> ◆ 虽然参与性、兴趣、坚持性等水平越高，在统计学上越能预测儿童可能取得较好的教育和发展成就，但没人可以肯定地说，是积极学习品质"产生"了这一结果。在一些案例中，影响甚至是逆向的，例如：已经具有良好学业技能的儿童或许会对学习不再感兴趣，原因正是他已经掌握了这些技能。
>
> ◆ 最后的提示：本书所总结的各种预测不能用于给任何一个儿童定性。原因是，一般来说，即便儿童的参与水平较低、缺乏兴趣、在高年级学业成绩较低，也不意味着这是单个儿童的最后结果。但是，这些一般性的模式可以帮助教师识别出一些处于危险中的孩子，他们更有可能在后面的学业学习中得分较低，如果有设计良好的干预方案，会对他们有帮助。

积极学习品质可能至少有三个方面的益处：作为关键影响因素，作为保护性因素，作为积极循环圈的促进因素。表 2.2 总结了几点，下面我们再详细分析一下。

> ### ◆ 表 2.2 积极学习品质的价值
>
> 积极学习品质——对学习的热情和学习中的投入，对儿童学习和发展的影响包括以下三个方面。
>
> ◆ **作为关键要素变量**，支持儿童在其他领域的学习成绩。如果我们强化了学前儿童对学习的热情和在学习中的投入，其他方面也会被加强。
>
> ◆ **作为保护性因素**，可以缓解或保护处境不利儿童免受一些影响其发展的危险因素的影响。
>
> ◆ **成为积极学习循环圈的促进因子**，这是由于，具有积极学习品质的儿童会被他人更加积极地看待。因此，这些人可能会提供更多的学习机会，儿童可以获得参与学习、持续发展的机会。

（一）学习品质是影响入学准备的关键因素

就像拱门上的拱心石支撑着整个石头的结构一样，学习品质在支持、保证入学准备的其他方面发挥着关键作用。例如，"在入学准备的所有方面，坚持性和灵活性……是对学习非常重要的技能"（George & Greefield, 2005, p.70）。如果解决问题的灵活性一直是本的学习品质的一个重要方面，那么将会为其他很多学习领域带来好处——在他努力认读一本书中的新单词时，在他学习用不同方法来组合物体摆出数字 10 时，在他的三年级科学实验中尝试各种方法时，都会显现。这些技能成为非常重要的影响因素（Barnett, Bauer, Ehrhardt, Lentz, & Stollar, 1996）不仅因为它们有助于儿童在特定环境中取得成就和成功，而且因为如果我们提升儿童的这些技能，就会同样提升儿童在其他领域的能力。

（二）学习品质是保护处境不利儿童的因素

不幸的是，许多儿童的生活条件都受一些因素的影响，这增加了儿童在学习和发展方面取得消极成果的可能性。这些因素包括贫穷、居住在危险社区、家庭暴力、虐待或忽略、身体缺陷等。

但是，有些儿童虽然在生活中经历了严重的、多样的危险因素，但发展依然良好。为什么呢？研究者经常会在这些儿童的生活中发现所谓的"保护性因素"存在。这些在儿童个体、家庭或社区中展示出的因素常常会保护儿童免受消极危险因素的影响。在一定意义上，它们增加了儿童对危机的抵抗能力，预防了儿童取得不良的成绩。

更具体地说，儿童的积极学习品质是一种抵御不良成绩的保护性因素。研究者（McWayne, Fantuzzo, & McDermott, 2004）总结了一些研究成果，表明学习行为"能对学龄儿童的严重学业失败和失调产生保护性的作用"（p. 642）。在高中阶段，学习投入也是一个保护性因素，可使那些处于极端危险境地的学生不至于辍学（National Research Council, 2003）。

（三）学习品质是积极循环圈的起点

教育研究描述了一种"优者更优""劣者更劣"的现象：那些在入学时已经具备较多能力和技能的儿童在学校学习时更加从容，与之相反，那些在入学时能力水平较低的儿童接触到的经验和资源都比较有限，他们往往取得较低的成绩，并且会慢慢进一步扩大差距。这种循环有助于解释儿童积极学习品质的累加效应——随着时间的推移而累加。热情、投入的儿童从教师、父母和其他人那里得到更多积极的回馈，同时，这样的回馈增加了儿童的学习机会（Kruif, McWilliam, Ridley, & Wakely, 2000；Rimm-Karfman et al., 2005）。设想一下，教师注意到杰西卡和布兰德非常投入地与班级宠物互动，或许就会再找一些有关兔子的图书给他们阅读，这会产生新的学习路径。

当这个循环继续的时候，具有积极学习品质的儿童可能会学得更好，成为更加热情、更加投入的学习者。例如，带着极高热情和投入接受新学习任务的儿童，可能会在任务完成上坚持得更久，学得更好，体验更多成就。这会让儿童持续地参与学习，会带来成人更多的支持和越来越多的成就。有关儿童兴趣的研究（Renninger, 2000）表明，随着年龄的增长，许多儿童的兴趣越来越集中，这些兴趣在儿童以后的学习中发挥着重要的动机作用，不只是预测儿童能否取得更好的学业成绩，而且能让他们获得更复杂、更有价值的学习机会。在阅读领域，阅读动机更高的儿童通常会花费更多的时间阅读，选择更具挑战性的阅读资料，培养更好的阅读理解力，体验作为读者的高自我效能感（Guthrie & Wigfield, 2000）。

不幸的是，就像这个循环圈对一些儿童总是积极的一样，对另外一些儿童则有可能朝着相反的方向运转。在低年级，阅读技能不好的儿童读书较少，阅读技能发展较慢，背景知识了解得较少。没有这些资源，他们与其他儿童之间的差距会越来越大。随着时间的推移，这些儿童不断在学校里落后于他人，与那些阅读能力好的儿童相比，最后他们更有可能掉队（Guthrie & Wigfield, 2000）。同样，消极的循环圈也出现在一些学习动机不强的儿童身上，出现在那些早期受过挫折和不能投入的儿童身上。这些消极的学习品质会让儿童在开始时就处于不利地位，可能会严重限制他们未来的学习机会和成就（Furrer & Skinner, 2003; Wigfield & Eccles, 2002; Wigfield & Tonks, 2004）。

四、回顾与展望

　　回头看看作为研究对象的三岁的本和安娜，他们表现出的兴趣、坚持性、投入度、约束自己情感和行为的能力等都给我们留下了很深的印象。但是，对比这些儿童和本章描述的其他儿童，不难发现一个重要的问题：为什么有些儿童培养了积极的学习品质，而另一些没有？只是天性使然吗？或者有其他的解释——一个对如何教育学前儿童有深刻意义的解释？下一章我们将讨论这些问题。

◆◆ 思考、讨论与行动

1. 回顾自己的童年，你能发现积极学习品质对后来的学习和发展产生的影响吗？在哪一个领域最明显？

2. 与他人分享记忆中童年时期或者长大成人后的"无意识"状态——当你完全入迷地投入一个活动时，几乎意识不到空间和时间的存在。这些经历的影响是什么？是谁或是什么使它们成为可能？

3. 如果可能，进行一次简短的演说，向家人或同事说明积极学习品质的重要性。使用本章描述的研究成果，但一定要根据听众量体裁衣。另一个办法是制作一个包含这些内容的传单或小册子进行发放。

第3章
如何培养儿童的积极学习品质

　　如今，在开端计划课堂中，儿童的学习方式截然不同。维尔玛是这个小组的新任助理教师，她设计了一个活动，准备让孩子们自己制作面团。为了介绍这项活动内容，她利用早上的小组时间来告诉孩子们面团的成分，以及如何用面团制作一个球。

　　介绍完后，孩子们走到一个长桌子旁，每个孩子面前有一小碗面粉。维尔玛给每个孩子的碗里倒了一些盐，然后把盐罐放在桌子上。虽然老师提醒过还不能动面粉，但有些孩子已经用手指蘸了一些面粉，还有几个孩子用力吹面粉。山姆则静静地把手放到两边，看着这些材料。

　　维尔玛告诉孩子们用手指在碗中钻一个小洞，以便于她可以给每个孩子的面粉和盐中加一点水和油。然后，孩子们自己动手将面粉揉成面团。

看上去每个孩子都有自己的制作方式：克劳迪亚的漆皮舞鞋撒上了面粉，她看到后非常担心；鲁兹在双手被面粘住后，迅速跳起来，做鬼脸，用毛巾擦完手后，对着桌子对面的其他女孩大笑起来；瑞卡德完全被面团的手感所吸引，他将面团在手指间揉来揉去，努力地感受面团的不同质地。在制作中，瑞卡德瞄上了桌子上的盐罐，偷偷地把大量盐倒入正在混合的面粉中。

有些儿童非常投入地尝试混合各种成分，挤压、压平、揉搓面团。而有些儿童则很快失去了兴趣，还有些儿童总是沉醉在对新材料的兴奋中。有些儿童，如山姆，需要花费较长时间才能投入其中。但是，一旦山姆开始行动，他就会把面团小球滚卷成各种精致的、富有想象力的形状。在看到成型的面团作品后，大多数儿童逐渐将注意力集中于混合面团的过程中。

儿童天生具有将世界上的人与事联系起来的欲望。除非有明显的生理缺陷，或是居住在一个与世隔绝的环境中，否则婴儿总是在触摸、品尝、触碰、喋喋不休地出声——他们是充满激情和投入的！但是许多事情影响这些学习品质未来的发展。当儿童参与到维尔玛组织的制作面团的活动中时，有很多因素必然会影响每个儿童和整个班级，影响儿童如何发展学习过程中的热情和投入。本章就是关于这些因素——"影响因素圈"的介绍。

以布朗芬布伦纳的生态发展观为理论框架，我将要描述这些影响儿童学习品质发展的相交圆，开始时是每个儿童的个体特点、发展特点的不同，然后是家庭、社区和文化的影响。本章也将简单描述影响儿童学习品质发展的其他因素——政策和政治环境。

在展开讨论之前，我要先提几点注意事项：第一，本章的例子只是举例。它们并不能描述所有对儿童的积极学习品质产生影响的可能因素，你或许想到、经历过更多其他影响因素。第二，就像在第2章强调的，研究结论只能应用在大部分儿童身上。一般模式并不一定适合某些特定的儿童、学校或家庭。第三，我们不能用简单的因果关系把潜在的影响和特定的学习品质"点点相连"。最后，儿童也影响他们自己的发展——发展方式是双向的。例如，维尔玛与儿童交流的方式会影响儿童的行为，同时儿童的反应也会影响她回应的方式。

 本章目标

在读完本章后，你将能够更好地：

1. 在考察儿童的学习品质时，考虑到诸多可能的相关影响因素。
2. 向他人解释谨慎判断某种学习品质是由某些影响因素"引起"的重要性。
3. 认识到学前教育工作者该如何开发每个领域，以积极地影响儿童的学习品质。

一、影响儿童学习品质的因素——生态学的视角

布朗芬布伦纳的人类发展生态学视角有助于认识儿童学习品质的交互影响因素（Bronfenbrenner, 2000; Bronfenbrenner & Morris, 2006）。布朗芬布伦纳的理论强调，虽然每个儿童都具有与生俱来的某些特质，但儿童是持续不断地与周围的环境和系统发生相互作用的，儿童不仅受环境影响，同时也影响着周围的环境和系统。那些忙着玩橡皮泥的儿童也不例外。当然，在直接接触的环境中获得的这些经验和互动对儿童的发展最为重要。对每个幼儿来说，最具影响力的经验是从发生在家庭以及家庭文化圈内的实践中获得的。然而，儿童的经验也必然包括早期教育和保育项目、健康护理环境和其他社区环境。

布朗芬布伦纳的理论进一步强调，个体在环境中也和他人产生联系，并相互影响。例如，针对一个儿童的慢性病，教师、家人和健康护理医生会定期进行交流。进一步来说，除了儿童的日常生活，还有一些对儿童发展有重要影响的环境和系统，比如父母的工作场所（例如，鲁兹妈妈公司的老板会影响她是否可以花时间处理鲁兹学校的事情）。最外围的"圈"包括诸如文化价值观、习俗、公共政策等的广泛影响，这

些因素会在许多方面以间接的方式影响成人对待儿童的方式、社会对儿童的期望。在解读表 3.1 这个影响圈的过程中，我们会列举每种影响因素的例子来进行说明。

◆ 表3.1 儿童学习品质的影响圈

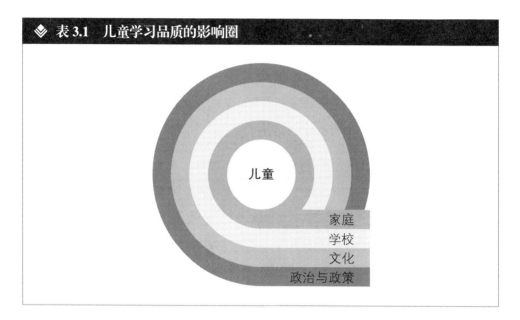

二、儿童性格的个体差异

"孩子天生就是这样子的。"——对吗？毫无疑问，山姆、瑞卡德、鲁兹，每个人自出生时都是很独特的自己。山姆的父母和祖父母说，山姆从小碰到新事物时都会非常小心翼翼。但这是否意味着山姆的学习品质在出生时就已经被决定了？当然不是。在本章和其他章节内容中，如果我们仔细品读就会发现，许多因素在影响着儿童看似稳定的个性发展。

（一）气质、学习风格和多元智力

像其他儿童一样，山姆有自己与众不同的、独特的行为模式和与社会交往的方式。他对新事物表现出一种非常谨慎、有点战战兢兢的品质（甚至当他第一次玩橡皮泥的时候都会退缩）。但是，在他熟悉了一种新经验后，又会表现出坚持甚至是顽固到极点的品质。就像生来就拥有独特的眼睛颜色、体型等一样，儿童从出生伊始就带有独特的行为风格，这常常会伴随孩子很长时间（Rothbart & Bates, 2006）。

这些气质特征包括儿童面对新事物的迁移能力、退缩程度、适应能力、抗挫能力、坚持性和注意力等。山姆长大以后，他会以在提前开端项目第一周中所使用的谨小慎微的行事方式来开始他的第一份工作。

除了气质，所谓的"认知风格"或"学习风格"也会影响儿童的学习品质（Rider, 1997）。有研究指出，儿童天生具有运用视觉、听觉或身体处理信息的倾向。比如，观察瑞卡德在混合、制作面团时的感官深度参与过程，你可以看出他的学习风格带有强烈的运用身体或肢体动作的特点。

同样，霍华德·加德纳（Howard Gardner, 1993）的多元智力理论描述了智力包含七个主要方面。在加德纳看来，每个儿童都会表现出他们在某一领域的、最初的、持久的强项，于是儿童的智力呈现出一个独特的结构。例如，在社会性发展水平高且活泼的鲁兹的智力结构中，特别突出的是"人际交往智力"和"身体动觉智力"，而山姆的智力强项或许是在"空间智力"领域。无论描述的是气质、学习风格，还是多元智力，这些不同都可能是儿童形成独特学习品质的根源。

（二）男孩、女孩和学习品质

儿童的性别真的会影响他们的学习品质吗？看看那些玩橡皮泥的儿童，一般来说，女孩会比男孩表现出更多的计划性和坚持性，自我调节能力也更强。许多女孩在玩和泥游戏时，表现出专注和有条不紊的品质。孩子们中，那些吹面粉、把盐从容器里倒出来、故意把一团面扔在地毯上的都是男孩子。

总的来说，现有研究证实了以上所述性别影响学习品质的观点。幼儿园和学前班的女孩在完成学习任务时，更多表现出专注和坚持的品质，而男孩子更有可能是注意力分散且易受打扰的（McWayne et al., 2004）。教师更倾向于认为男孩子注意力容易分散，并且难以教育，尤其是居住在贫民区的男孩子们（Childs & McKay, 2001）。女孩子的注意力和坚持性较强，这解释了为什么幼儿园中女孩的读写成绩普遍比男孩子好（Ready, LoGerfo, Burkam, & Lee, 2005）。

（三）与生俱来，但并非固定不变

一些与学习品质相关的倾向和行为看起来是与生俱来的，但其实这些倾向并非一成不变，这对早期教育工作者和家长而言是个好消息。即使是像气质这样的东西（Rothbart & Bates, 2006），人们总是想当然地认为它与学习品质"相关联"，但其表现和发展的不同也有赖于儿童所处的环境所给予的支持程度。根据儿童个体的不同气质，教师和家长可以改变儿童气质的某些方面。例如，即使山姆不愿意尝试新事物，如果山姆的父母多鼓励他冒险，他可能会在一定程度上转变这一典型风格，当然他不会像同班同学瑞卡德那样，成为一名勇敢挑战的冒险者。

许多人指出，儿童可以在自己喜欢的学习风格或天生能力之外发展出优势能力。教育者尊重儿童早期稳定的个体差异，同时可以有目的地提供经验来扩展儿童的有效学习范围。

对于不同性别而言，同样可以做到改变。虽然研究表明，一些儿童的学习品质存在性别差异，但优质的早期学习项目可以为所有儿童——无论男孩还是女孩——创造学习机会，提升他们的坚持性、灵活性、内在动机和积极学习品质的其他方面。

然而，在认识和尊重儿童这些个体差异的同时，本书的一个宗旨是让读者认识到，儿童的积极学习品质或消极学习品质并不只与先天因素有关。像"乔基姆是一个不专心的孩子"或者"凯琳根本没有一点热情"这样的标签将会限制儿童的能力发展，而不是帮助儿童发展。

三、学习品质的提升：发展的影响

刚刚我们已经探讨了儿童与生俱来的、包括所有内在个性的第一个"影响圈"，接下来我们看一些重要的例子，看看儿童从出生到小学低年级学习品质的变化。在我们所举的提前开端项目案例中，儿童都是四岁或刚到五岁。如果我们一年之前探访他们，我们是否会看到他们在以同样的方式表现对学习的热情和投入？在某种程度上，答案是肯定的：三岁的山姆很可能不会果断行事，但是他很有创造力；鲁兹很有可能冲动而乐于社交。但是，在过去的一年里，儿童的身体、认知、社会、情感和语言的发展变化为他们运用这些重要的学习品质带来了新的机会。

（一）理论视角

这是为什么？发展心理学家和研究者们描述了儿童学习品质发展的路径、轨迹和顺序，本章会提及很多这方面的内容。下面只是几个说明性的例子，为了说明更多细节，附录 A 提供了一份总结这些发展顺序的表格。

一些儿童发展理论阐述了有关儿童学习品质如何发展的观点，但是这些理论在描述这些行为时并没有专门用到学习品质这一术语。例如，埃里克森（Erikson, 1950）的人生发展八阶段理论就描述了儿童在不同阶段处理学习任务的不同方式。在学前阶段，埃里克森描述为"主动对内疚的冲突"。这个阶段的儿童完成任务时爆发出很大的能量，他们大胆、主动地探索世界，并常常伴随着冲突。这些行为看上去非常典型，至少那些四岁儿童首次开始橡皮泥游戏时是这样的。埃里克森的理论还预示着数年之后，当这些玩橡皮泥的孩子遇到核心的发展危机，即进入到"勤奋对自卑的冲突"阶段时，他们完成任务的方式会截然不同。这时候，儿童的典型表现可能是在做橡皮泥时非常关心方法的正确性，根据烘焙师和雕塑家可能制作的方法进行思考，将自己的作品与文化方面的标准做对比。

同样，维果斯基的发展理论也描述了儿童自我调节这一学习品质的发展顺序，自我调节是学习品质投入维度中的一个核心要素。渐渐地，四岁儿童的举止会变得越来越从容和有计划（Bodrova & Leong, 2007, p.127）。但是现在，班里的许多同年龄孩子还处于反抗期，对自己的情感和身边的环境有着非常冲动的过度反应。例如，当瑞卡德看到大盐罐时，一把抓住它，把它扔掉了，他根本没有克制自己的冲动。虽然瑞卡德的例子是一个极端现象，但这一水平的儿童在面对一个新鲜的、吸引人并可能带来麻烦的刺激时，他很难控制自己的行为。

（二）神经科学和认知发展的研究

大脑发展的最新研究为学习品质的发展提供了新的视野。神经科学家强调，大脑的成熟是儿童发展的关键因素之一，它使得年长的儿童相比其幼年时，更能在很大程度上约束自己的行为。而且，研究者发现，童年时期，大脑以一种灵活自主的方式发展"统筹功能"——一种处理问题的能力（比如将一堆生面粉变成一个面团）(Rothbart et al., 2007; Zelazo et al., 2003)。为了做好这些，大脑需要协调大量的智力运算过程，包括组织、专注、坚持、管理和自我调节。这些认知过程与儿童的学习品质维度相似，并且可能是儿童学习品质的重要基础。

（三）学习品质具体要素的发展研究

除了脑研究以外，一些研究者还追踪研究了学习品质维度下一些具体要素的早期发展——同样地，并非全部使用"学习品质"这一术语。例如，博瑞特等研究者（Barrett，Morgan，& Maslin-Cole, 1993）描述了儿童从零岁到三岁"优势动机"(mastery motivation) 的发展阶段：起初，儿童尝试控制东西或玩具；然后，他们试图按照标准行动（研究者称之为"与任务相关的熟练"）；最后，他们通过将自己的表现与具体的标准进行比较来进行自我评价。

研究者也追踪了儿童"成就动机"的发展过程（这项工作在 Wigfield, Eccles, Schiefele, Roeser & Davis-Kean 的研究中有较好总结 , 2006）。例如，年仅两岁半的儿童对于失败的反应是，表现出消极的情绪或者不看大人。研究者也发现，儿童在解释失败的原因时有一个发展变化的过程。两岁以下的儿童丝毫不关心别人怎么看待他们的表现；长大一些之后，儿童开始关心成人怎样看待他们；等再长大一些，他们开始能够评价自己的成功或失败。即使到了幼儿园，仍然有个体差异，四五岁的儿童非常讨厌自己在学习任务上的失败。

（四）有特殊需要儿童

当我们探讨儿童学习品质发展的时候，需要时刻记住，有发展缺陷或发展延滞的儿童其发展过程是不一样的。对于身体残疾的儿童来说，某些学习品质的发展需要更长的时间，或者可能这些儿童表现出的对学习的热情和投入与普通儿童不一样。例如，一个正在玩橡皮泥、名叫特蕾莎的孩子，她患有唐氏症。虽然她和同班同学在同一年龄，但特蕾莎的发展水平限制了她坚持参与橡皮泥制作任务的能力（de Kruif & McWilliam, 1999）。班里另外一个孩子，名叫雷蒙德，患有自闭症，这使得他不可能使用灵活的解决问题策略。如即使自己混合橡皮泥的方法不对，雷蒙德也不会改变方法，更不会寻求其他孩子的建议或帮助来解决这个问题。

然而，我们不能笼统地对待有特殊需要的儿童。首先，每个有缺陷的孩子都是独特的个体，都有自己的嗜好和特点。特蕾莎的邻居布罗克也患有唐氏症，虽然他们患病的类型一样，年龄一样，但布罗克有着与特蕾莎完全不同的行为风格。其次，不同的发展缺陷对积极学习品质的形成有不同的影响。扎卡里有轻微的脑瘫（大脑麻痹），但这一缺陷不影响扎卡里积极学习品质各方面的发展。他唯一的困扰是，有时候虽然他竭力表达自己想参与任务的热情或期望，但其他孩子和大人不能理解他说的话。与扎卡里一样，布罗克、雷蒙德、特蕾莎这些孩子都有发展积极学习品质的潜能，只是每个人发展的时间顺序不一，方式不同而已。

四、家庭的影响

儿童不仅仅是单个的个体，而且还是家庭、社会中的一员。第 9 章会推荐一些由学前教育项目与家庭合作，共同支持儿童积极学习品质的方法，本章只是描述一些家庭对儿童学习品质产生影响的方式。

儿童与家人的关系质量对其学习品质有着重要的影响。有安全依恋关系的儿童，从亲子班到幼儿园阶段，很可能在解决问题方面更具有坚持性、热情和好奇的品质（Arend, Gove, & Sroufe, 1979; Waters, Wippman, &

Sroufe, 1979）。这些关系至少可以说明，为什么在提前开端项目中，儿童初次体验橡皮泥时个体反应具有差异性。一般来说，与父母亲关系紧密的儿童"进入教室时，表现出的态度是自愿的，希望专心于课堂学习安排"（Furrer & Skinner, 2003, p.159）。富勒和斯金纳（Furrer & Skinner, 2002）以及豪斯和里奇（Howes & Ritchie, 2002）也发现，与父母更为亲密的儿童最终会与教师建立较为亲密的关系——这种关系进而影响他们的学习动机和在学习中的投入水平。

父母自己对于学习的信念，以及他们将这种信念转化为行动的能力，也会影响儿童的学习品质。例如，研究表明，受到父母鼓励，为了自身的快乐（而不是为了获得奖励）而学习的儿童，有着更为强烈的内在学习动机（Gottfried, Fleming, & Gottfried, 1994）。

五、学校的影响

多数美国儿童在非常小的时候就开始在家庭之外的托幼机构中成长。无论是儿童看护中心、家庭托儿所、幼儿园、提前开端教室、学前班或是小学低年级，"学校"都是一个影响儿童学习品质发展的重要因素，既有直接的影响，也有间接的影响（通过学校与家庭的关系）。这种潜在的影响因素包括儿童与教师的关系，项目、课程和教学方法的质量等。

（一）与教师的关系

儿童与教师之间的良好关系对儿童有很多益处（Pianta, 2000），其中一个重点就是对儿童学习动机的积极影响。就像富勒和斯金纳（Furrer & Skinner, 2003）所指出的那样：

作为测量学校氛围和师幼关系质量的尺子，情感联系对儿童的归属感、包容性、接受性、重要性和人际支持等的强调，与儿童的学业成绩之间紧密相关，还与儿童的自我效能感、对成功的期望、成就感、积极情感、努力参与、对学校的兴趣、任务目标的达成、学校分数等相关（p.149）。

虽然富勒和斯金纳的论述是建立在对年长儿童的研究之基础上，但很可能在儿童更早的学习过程中，师幼关系和幼儿学习动机之间就存在着这些必然的联系。在一项北卡罗来纳儿童照料中心的儿童参与班级活动的研究中，来自弗兰克·波特·格雷厄姆儿童发展中心（Frank Porter Graham Child Development Center, 2001）的研究者发现，项目中的教师如果特别温和、细心，那么积极参与活动的儿童比率就会提升。

在本章开头部分的班级观察中，我们可以感受到，在教师维尔玛的参与和关注下，儿童是多么的幸福。这种温情会让一些注意力较为分散的男孩专注于参加活动，即使这名教师组织活动的方法不够娴熟，是没有经验的新手教师，也没有关系。

此外，除了受益于良好的师幼关系，儿童还会模仿教师身上表现出来的学习品质。那些自身具有"掌控倾向"（mastery orientation）（学习是为了更加有能力而不是为了应付考试）的教师，其所教的儿童也表现出更多的掌控倾向，这些儿童在学习中表现出更多的内在动机和目标导向性（Midgley，2002）。

（二）项目质量的其他方面

除了教师与儿童之间的关系，学前教育质量的其他方面也会影响儿童的积极学习品质。这些影响因素涉及整体的项目质量、课程、教学方法更具体的方面。

例如，研究者在弗兰克·波特·格雷厄姆儿童发展中心的研究中发现，项目质量与儿童的学习参与程度和水平紧密相关（FPG Child Development Center, 2001）。与那些接受低质量教育的儿童相比，接受高质量课堂教育的儿童在参与活动时更有可能表现出更复杂、更集中的学习方式。与年龄较大的儿童相比，项目质量对投入度的影响在婴幼儿的课堂中尤为明显。正如研究者所指出的，为了让婴幼儿变得更加投入并保持投入，在这类高质量教育中必须提供教师支持和支架行为。

许多研究表明，某些注重培养孩子的选择性、独立性和计划能力，并通常会为儿童提供难度适宜的学习活动和任务的早期教育课程也会影响儿童的积极学习品质（Hyson et al., 2006; Stipek & Seal, 2001）。我们在第6章将会看到，很多课程具有这种特点。同样，研究者瑞姆等人（Rimm-Kaufman，2005）发现，学前教育工作者组织环境的方式、与儿童互动的方式都会影响儿童在学习中的投入度。例如，如果教师更加提倡小组研讨，让每个人清晰阐明自己的观点，儿童则会更加投入。

从一些研究者（Midgley, 2002; Wigfield & Eccles, 2002; Wigfield et al., 2006）的针对年龄较大儿童的研究中可以得出结论，在教学方法的运用上，如果教师对儿童有明确的期望，鼓励儿童主动参与和合作，为儿童提供有益的指导，不在任何方面过分控制儿童的行为，那么就会促进儿童的学习动机和学习中的投入。

六、文化的影响

在图 3.1 生态影响圈中，文化与儿童个体之间的距离比较远。然而，布朗芬布伦纳和其他人都认为，在影响儿童的发展方面，文化的影响是持久的，与其他每个系统都是相连和相互渗透的（Bronfenbrenner, 2000; Rogoff, 2003）。本部分讲述了文化影响儿童积极学习品质的许多方面。后面的章节中还会继续讨论文化的影响因素，如人际关系、课程、教学方法、评价和家庭参与等，并进而强调支持儿童学习品质的工具和方法永远不会脱离文化。

在本章导读部分的故事中提到的儿童，与当今其他早期项目中的儿童一样，具有文化上的多样性。故事中，儿童参加的提前开端双语项目位于城市低收入社区的中心。社区居民主要是西班牙裔居民，或多或少包括一些新移民家庭，他们来自不同国家，有着自己独特的传统和价值观。这些项目也包含了大量的非裔美国儿童，还有少数的白种人或亚裔。

目前还没有关于文化对儿童某种学习品质的影响作用的研究。有关儿童学习动机的发展研究主要是在中产阶级和白人儿童中进行的。然而，虽然没有大量研究者针对某种学习品质进行专门研究，但已有研究关注了一些广义上的文化对儿童发展的影响（Rogoff, 2003; Schweder et al., 2006）。

他们的研究视野能间接帮助我们理解语言和文化的多样性是如何影响儿童对学习的热情和投入的。

无论儿童来自哪种文化，他们都可能拥有我们称之为积极学习品质的某些核心要素。在所有儿童身上，我们都可以轻易看到对学习的热情，每种文化的儿童都可以是有兴趣的、快乐的、爱学习的。在学习中的投入也是儿童行为特征的一部分，每种文化中的儿童都可以是专注的、坚持的、灵活的和自我调节的。但是在这些要素之内，文化仍然对儿童学习品质的发展、行为的表达具有非常大的影响。让我们来看几个例子。

首先，在不同文化中成长的儿童所表现出来的坚持性、注意力和自我调节会有所不同。例如，波林卡（Blinco，1992）发现，一般来说，一年级的日本儿童比一年级的美国儿童在完成任务上表现出更多的坚持性。最有说服力的解释是，广义上的文化价值观影响了家庭将在多大程度上鼓励儿童坚持。对于许多美国家庭而言，具有坚持性并不是一种重要的价值观，对幼儿尤其如此。

其次，很多有关学习品质的描述集中在儿童的个人情感和行为上——强调儿童自己的注意力、坚持性、投入度和动机等。但是，美国是世界上少数主流文化更加强调个人主义和独立性的国家。与美国的主流文化相比，世界上其他国家中 70% 的文化都会更加强调合作性和相生相依。在这些文化中，人们非常推崇和鼓励集体力量，而不是个体努力（Gutiérrez & Rogoff, 2003; Rogoff, 2003）。

很多来自不同文化的儿童在进入美国的学前教育项目后，也仍然被他们的家庭和社区成员鼓励合作。虽然在这一点上儿童处于非美国主流文化中，但是莱德逊－比灵斯（Ladson-Billings, 1995, 1997）和其他人认为，非裔美国学生身上的合作性学习品质与美裔印度人和阿拉斯加土著儿童基本相同（Pewewardy & Hammer, 2003）。

再次，文化也会影响儿童对不同种类学习任务和经验的反应。我们都知道，儿童喜欢参与具有适度挑战性的学习任务和活动，活动的难度要既不远远超出他们的能力范围，又不低于他们的能力。但是，这种挑战性有赖于不同文化环境对挑战的认识，有赖于儿童在那种文化中已经掌握了哪些经验。在某种文化中具有挑战性的事情，对于来自另外一种文化的儿童来说，可能索然寡味。在玩橡皮泥游戏中，有些儿童刚开始混合原料时非常沮丧，很明显，他们以前没有玩过这样的游戏。相反，许多西班牙裔的儿童每天帮助他们的妈妈或奶奶做玉米饼，对面团进行混合、揉搓和塑形是这些儿童的第二本能，在一种新活动中使用这些技能给西班牙裔的儿童带来了更多的快乐和享受。

此外，文化还会影响儿童学习品质的表达方式。有些文化会重视和鼓励儿童生动地表达情感；而在其他一些文化下，儿童很少外显地表达他们的兴趣和快乐，尽管他们内心的情感实际上可能是一样的（Hyson，2004）。同理，当儿童集中注意完成一项任务时，文化会影响儿童关注的方式：是目不转睛地盯着看，还是偶尔瞥一眼；是用身体探索学习材料，还是观察别人怎么做（Rogoff，2003）。

最后一点：儿童所处的文化还会影响儿童以什么样的方式对待那些影响积极学习品质发展的其他因素。在本章的前面，我们看到，良好的师幼关系可以促进儿童的积极学习品质。这对所有儿童而言都是适用的。但是，对于少数民族群体的学生，教师所表现出的热情、关心和高期望更加重要，这往往会使他们进步（Brophy，2004；Delpit，2006）。

在结束对文化影响因素的讨论之前，还需要强调的是，儿童所处的文化是支持其学习品质形成的巨大潜在财富。就如我们将在后面章节看到的，具有文化适宜性的教学增加了所有儿童的学习机会，因为无论他来自什么样的文化、语言和种族，都会在热情和投入方面得到发展——或许一是因为受不同事物的刺激，并用不同的方式来表达，但总是会有助于儿童的学习和发展。

七、政治和政策的影响

与文化对儿童的影响不同，看起来，政治和公共政策对儿童的每日生活似乎没有影响。然而，在这一生态圈中，它们却真实地以自己的方式在发挥着作用，并像文化的影响力一样普遍。政治和公共政策环境是如何影响儿童学习品质的？下面我们将简短地回顾一些潜在的积极影响。由于最近政策趋势对儿童的学习热情和在学习中的投入产生了明显的影响，所以关于政策的讨论将在下一章展开，并重点关注可能削弱儿童学习品质的那些因素。

就像在第 1 章讲到的那样，美国国家教育目标委员会把学习品质列为儿童入学准备的一部分，这引起了公众广泛的关注。最近，美国各州开始研发早期学习标准。一些州把学习品质融入儿童发展的其他具体领域中，还有一些州甚至把学习品质单列出来，或者按照一定的标准将其划分为一些维度和要素，如"社会—情感发展"领域（Scott-Little et al., 2005）。同时，开端计划办公室在构建儿童成就框架时也把学习品质纳入其中，作为一个单独的领域。当政策制定者参与到这种行动中时，对儿童学习品质的关注和强调势必会让公众和教育者更加重视对儿童学习品质的培养。

八、回顾与展望

本章描述了许多影响学前儿童形成积极学习品质的相互交织的要素。众所周知，儿童来到这个世界时有着基本的行为模式、气质特点和学习风格。有些儿童或许生来就有一些残疾或是发展延滞。然而，这些个体特征只是其中的一部分。家庭、学校、文化和公共政策等复杂的影响因素会一起产生作用，影响儿童对学习的热情和投入。

当追踪这些影响过程时，我们应该记住，学前教育专业人士可以通过对每一个影响圈的介入而积极地影响儿童的学习品质。例如，学前教育工作者可以将他们的课堂实践与家庭文化价值观相联系；他们可以有目的地选择能够培养儿童兴趣、投入、坚持性等积极学习品质的课程；他们可以努力去了解和影响公共政策，提升对学习品质的关注。这些行动及其他一些行动可以对儿童的热情和投入产生一些根本上的影响，最终会影响儿童的学习和发展。

本章着重阐述了通过影响儿童成长的环境或系统，支持、培养和形成儿童学习品质的多种方法。相反，下一章将会揭示一些不断降低儿童对学习的热情和投入的因素，而儿童对学习的热情和投入正是学前教育工作者所希望提升的。

 思考、讨论与行动

1. 当在工作中与幼儿待在一起时，你觉得影响儿童积极学习品质发展的最大潜在因素是什么？它是基于课堂层面的、政策角度的，还是家庭方面的？抑或是这些方面的综合？

2. 为了探索本章的观点，你可以关注一个你已经非常了解的儿童。观察他的行为，不只考虑他的学习品质是什么，而且要考虑他为什么有这样的学习品质。是哪些可能的影响因素促进该儿童形成了对学习的热情和投入的个人模式？你或许可以有目地挑选两个孩子做对比。

3. 如果以前没做到，那么现在请你看一下自己所在州的早期学习标准，网址链接是：http://nccic.acf.hhs.gov/pubs/goodstart/elgwebsites.html. 你在何种程度上把学习品质当作一个单独的领域，或认为它可以融进其他领域？在了解了早期学习和发展领域中此内容的重要性后，你是否对这个领域已经给予的解释感到满意？

第④章
哪些因素降低了儿童的积极学习品质

　　曼宁女士带着一年级的同学集体坐在地毯上，正在上一节有关克里斯托弗·哥伦布（Christopher Columbus）和即将到来的哥伦布日（Columbus Day Holiday）①的课。她拿出本区社会研究课程配套资料中的儿童图片，为孩子们阅读每张图片上的相关信息。一些孩子盘腿坐在地上，眼睛盯着图片，但罗德尼眼睛看着远处，还有些孩子转动身体寻找走廊的噪音来自哪

---

① 哥伦布日，又称哥伦比亚日，为 10 月 12 日或 10 月的第二个星期一，是美国的联邦假日，为纪念哥伦布于 1492 年首次登上美洲大陆而设。——译者注

里。奥斯卡站起来，踱步到房间的另一头，曼宁女士停下来，把他拉回到圆圈线上。艾丽娅和理查德则为了抢地毯上的同一块座位而相互推搡。

曼宁女士问孩子们问题，检查他们对她刚才所讲的内容是否已记下来，只有几个孩子举手回答。她提醒他们，如果集中注意力，并且能够回答问题，他们就可以得到额外奖励的游戏时间。然而，随着时间的流逝，越来越多的孩子变得不感兴趣、扰乱秩序。最后，曼宁女士解散了孩子们，让他们回到桌子边，坐下来，在画线纸上练习书写字母 M。曼宁女士来回踱步，观察每桌的孩子，奥斯卡写不好字母 M，他把头埋在手臂里。当教师问奥斯卡为什么不做他应该做的事情时，他只是摇了摇头。

上午这样来开场是一个特别坏的开始吧？或者还有更多的不顺？上面提到的例子是虚构的，但事实上，这是早期儿童教育中一个逐渐被大家熟悉的典型例子。

在前面的章节里，我们看到儿童高兴地参与到学习活动中，探究、专注、坚持完成了具有挑战的任务，不需要强制或奖励。在总结了已有研究中关于这些积极学习品质的发展方式和可能影响儿童发展的因素后，我们意识到，有很多影响因素会强化儿童对学习的**热情**——兴趣、愉悦、学习动机，会带动儿童在学习中的**投入**——专注性、坚持性、灵活性和自我调节。

但是，还有一些影响因素会削弱或降低这些积极学习品质。在本章中，我会解释为什么教师和其他成人如此关心缺乏积极学习品质的儿童的数量。我接下来会描述一些促使消极品质发展的影响因素，包括从非支持性的人际关系到公共政策的一系列因素，这些可能会抑制儿童对学习的热情和投入，而热情和投入对儿童以后学业的成功至关重要。

这些影响因素有可能会渐渐破坏儿童所有的积极学习品质，但是它们尤其可能对那些因家庭贫穷、身体残疾或其他不利因素而受到伤害的儿童产生消极的影响，那些使用不同语言或处于不同文化中的儿童也同样可能受到影响。

> **本章目标**
>
> 读完本章后，你将能够更好地：
>
> 1. 描述当前对幼儿不振作、不投入的学习品质的关注以及这些消极品质的表现。
> 2. 识别一些可能降低儿童积极学习品质的因素。
> 3. 结合自己工作的环境与情境分析这些因素。

一、变得消极和懈怠——恶性循环

　　许多有经验的学前教育工作者认为，与过去的儿童相比，今天的儿童所具有的积极学习态度和积极学习行为都要少一些。在幼儿园，许多孩子即使看上去对学习充满热情和投入，但其实并不是真的热情和投入，他们常常会对学习挑战感到沮丧和挫折。与同龄的其他儿童相比，他们确实在面对困难任务时不能坚持，像奥斯卡一样逃避这些经历。他们看上去不会提前做计划，并以一种毫无章法的方式处理每个问题。这些儿童不可能参与教室活动，即使参与进来，他们的投入也是浮于表面，而不是更加深入和复杂。一些有经验的教师说，与过去相比，现在很少有儿童表现出在某个特定主题或活动上具有浓厚的个人兴趣，比如找昆虫、学习恐龙、建筑房子和画画等。因此，这些教师认为，对许多儿童来说，只有当他们认为自己会获得奖励或者为避免责难时，才会表现出努力的学习品质。

　　因此，在刚开始学校学习时，许多儿童已经是消极和不投入的。当我们意识到儿童对学习的热情和投入会随着入学年数增加而逐年递减时，这一问题确实有必要引起重视。

　　特别是，研究者发现，当儿童从小学升入初中时，他们往往会变得对自己的能力不自信，学习动机减弱，面对学术科目时尤其如此（Harter, 1996; National Research Council, 2003; Wigfield & Tonks, 2004）。这种下滑趋势在儿童的内在阅读动机中表现得尤其明显——这些动机依次影响儿童的阅读投入度、阅读理解能力和阅读成绩（Guthrie & Wigfield, 2000）。

二、什么因素导致儿童形成消极的学习品质

就像我在这本书中强调的，儿童对学习是充满热情和投入的，还是沮丧和消极的，不是生来就如此，而是由成长过程中的很多影响因素导致的。让我们来看看有哪些因素会在童年乃至长大后影响儿童形成消极的学习品质。表4.1里总结了一些因素，我们将在下一部分讨论细节内容。

（一）成人和儿童之间非支持性的关系

正如温暖的、支持性的关系能够激励儿童的积极学习品质一样，缺乏这种关系会降低儿童的积极学习品质。师幼关系的建立离不开互动，大多数儿童与老师互动的机会非常少。根据美国全国幼儿园研究（National Prekindergarten Study）的课堂观察数据，平均来说，儿童直接与一名教师或其他成人互动的时间不到课堂时间的 1/3（Clifford et al., 2005; Pianta et al., 2005）。

❖ 表4.1　降低学前儿童积极学习品质的因素

下面这些因素会降低儿童对学习的热情和投入。你认为，在你个人的成长环境中，它们的影响程度有多大？

- ◆ 成人和儿童之间非支持性的人际关系
- ◆ 没有难度的、无关的课程
- ◆ 不支持儿童在学习中投入和无法引起学习动机的教学方法
- ◆ 严厉的规则
- ◆ 依靠外部奖赏提升成绩
- ◆ 与儿童学习标准相关的教育政策
- ◆ 与高风险评估相关的政策

当学前儿童与教师直接互动时，这些互动也并不全是积极的。例

如，教师很少与儿童谈论情感（Hyson, 2003）。很多教师在与幼儿互动时是不带感情的、苛刻的，这些消极的行为模式常常出现在婴幼儿项目中（Phillips & Adams, 2001）。这些互动就像曼宁女士与奥斯卡那种远距离的、批评式的互动一样，师生之间不可能产生安全的、支持性的依恋关系。在面对挑战性任务时，与成人没有建立起安全关系的儿童经常是不积极的、不能坚持的（Arend et al., 1979; Howes & Ritchie, 2002）。

很难判断如今的幼儿是否比过去更难与教师建立起亲密关系。然而，从幼儿园到小学，所有的教师都感受到了满足学业标准、覆盖全部课程、为高风险测试做准备的压力。综合这些因素，这些压力会让教师难以与每个儿童分别建立起亲密的关系。如果真是这样，很多儿童或许不能获得安全感（而安全感有助于儿童探索新的学习机会），也无法在学习中承担风险，并学会应对令人沮丧的学习任务。

（二）没有挑战的无关课程

儿童会从有着清晰目标和任务的课程中受益（Frede & Ackereman, 2007; Hyson, 2007）。正如在第 3 章中描述的那样，当儿童有机会参与到复杂的、富有挑战性并适宜的课程中时，他们会体验到更多的对学习的热情和投入。接下来，这些积极的学习品质会带来更好的成绩。

但是，许多学前教育课程并不能让儿童非常投入，并且有些课程也不是非常有效。这类课程或许处于不受欢迎课程的两个极端中的一端。一个极端是不尊重儿童智力的浅显的"搞笑"课程，另一个极端是远远超出儿童理解水平和背景知识、让儿童感到失望的课程。而且，许多学前教育课程强调某方面的个别技能，而不是包含更广泛的、引人入胜的内容的综合技能发展。课程常常不能将幼儿的兴趣进行联结或深化。最后，课程没有文化适宜性，进一步降低了不同文化背景下儿童的兴趣和参与欲望。本章开篇讲到的曼宁女士的课上，她所使用的社会学习课程有很多这方面的问题。这一课程似乎只是强调与实践脱节的机械记忆（例如，关于航海家哥伦布），而没有试图去满足儿童的兴趣、文化或能力。

如果早期教育课程中存在这类问题，儿童的积极学习品质发展很可能就会受到阻碍。就像曼宁女士班上的儿童，面对这样一个课程，儿童常常表现出不专注、行为消极以及逃避学习任务。第6章将会为教师们提供一些避免这些消极后果的方法，让早期教育项目吸收一些具有认知挑战性的、引人入胜的课程模式。

（三）降低投入度和动机的教学方法

用什么方法教儿童与教给儿童什么一样重要，尤其是当它可以用来支持或削减积极学习品质时。在一项人种志研究中，九位三年级教师识别出了45种不同的促进儿童参与学习和提升学习动机的教学方法，以及19种削弱儿童学习动机的方法（Dolezal et al., 2003）。表4.2中列出了一些"破坏性"方法的例子，在开篇曼宁女士的一年级课上可以观察到许多类似方法。

她的教学方法是典型的大班式教学。多个州参与的一项国家学前教育研究发现（Clifford et al., 2005; Pianta et al., 2003），教师的大部分时间只是用来管理儿童的日常活动（进餐、排队等）。当他们真正教学时，又不会使用能促进积极学习品质的方法。冗长的集体教学指导占主导地位，这种环境很难激发儿童的兴趣和参与性。在儿童后续几年的学习中，这种方法仍然持续。在美国儿童卫生和人类发展部（NICHD）所做的一个大样本儿童看护跟踪研究中，早期儿童看护研究网（Early Child Care Researd Network, 2005）发现，即使是课程内容已经建议使用不同的、更高水准的方法，三年级的教师仍然过度地使用机械教学方法。并且，教师在他们的教学过程中很少改变教学方法。这就很可能导致虽然儿童做的通常是教师要他们做的事情，但儿童表现出的是低水平的对学习的热情和投入。

◈ 表 4.2 削弱儿童学习动机的教学方法举例

下面这些例子来自一项关于教师如何激励三年级学生学习动机的研究（Dolezal et al., 2003）。在这项研究中，由于教师不同，儿童在学习中的投入度也发生了很大的变化。下面的一些策略是教师在学生表现出非常低的投入度时经常采用的方法，但实际效果却是削弱了儿童的学习动机。在每个策略下面，还列举了一个发生在学前教育项目中的例子。

续表

◆ **表 4.2　削弱儿童学习动机的教学方法举例**

◆ 强调能力，而不是努力

　　在上课时，有一些儿童大呼自己笨。教师没有阻止这些评论，反而说："咱们叫一个聪明的来回答。"

◆ 强调赢或是最好，而不是一起努力

　　教师组织了一场诗歌比赛，学生们拿着卡片进行朗读竞赛，而不是学生之间合作朗读 1—4 行诗。

◆ 布置没有任何挑战性的任务

　　教师让学生玩"石头剪刀布"或者进行书面练习活动（workbook activities）。有些游戏只是嬉戏，并不能给儿童带来教育价值。

◆ 没有在课程、其他概念或经验之间建立联系

　　快到马丁·路德·金纪念日时，几乎所有的活动都是关于乔治·华盛顿的。

◆ 没有为儿童掌握一项技能提供帮助

　　教师说："你太懒了。很简单，只要查一查字典就可以了。"

（四）混乱、刻板的日程安排

　　儿童需要时间来培养学习中的投入度、坚持性和学习动机。学前教育中"最好的实践"[①]指南提议，每日要给儿童大块游戏时间，因为在大块时间里，儿童可以调查现象，尝试不同的问题解决策略，深入参与项目或解决其他学习任务（Bredekamp & Copple, 1997）。有些建议从半日制幼儿园过渡到全日制幼儿园的人士指出，在全日制幼儿园里，有着比半日制更加充裕的时间安排，这对儿童的发展是有益的（Elicker & Mathur, 1997; Fromberg, 1992）。全日制幼儿园中，一个可预测的、放松的、结果开放的日程安排对于协调那些由于不同气质、文化或身体缺陷导致学习步调不一致的儿童尤其有帮助。

　　然而，许多学前教育课堂中的日程安排没有为儿童提供学习专注、坚

———————

[①] "最好的实践"指美国发展适宜性实践，简称 DAP。——译者注

持和全身心投入学习任务的机会，没能让儿童深入发展对于某个主题的兴趣。半日制幼儿园中，教师经常说时间安排太满了，常常感到自己在不断地从一个内容领域或项目切换到另一个内容或项目上。一些学区，特别是那些实施阅读优先项目的学区，已经往前迈出了一小步。他们要求每个班、每位教师都要准备一个特别的话题、单元或教学领域。对教师和儿童来说，有些"流程图"很可能充满压力，而且不利于儿童的投入度、坚持性和潜在的内部学习动机的发展。

（五）依靠外部奖赏

就像第 1 章所描述的那样，积极学习品质的一个重要要素是儿童学习的内在动机。父母和教师经常认为需要依靠奖励来创设动机和成就。然而，研究表明，如果成人过度重视外部奖赏，那么事实上，儿童内在的动机会被压低（Elliot & Dweck, 2005; Stipek, 2002）。

父母奖励孩子积极参与学习活动时，其出发点往往是好的。有些父母为了让孩子读书或完成作业，给他们额外的待遇或奖品。虽然儿童有时候会产生短期的服从，但从长远来看，如果儿童过于依赖外部奖励，内部动力就会产生相反的效果（Gottfried et al., 1994; Stipek & Seal, 2001）。

在学校里使用外部奖赏也要注意同样的问题（Stipek, 2002; Wigfield et al., 2006），因为这样的动机策略很早就开始被使用，在小学和中学中还会与日递增。在这时，外部奖励，比如曼宁女士答应儿童的额外的游戏时间，不太可能促进儿童的内在学习动机，或者培养真正的学习中的投入。例如，关于促进高中生投入度的一项大型研究发现，使用奖赏刺激那些表现不投入的学生（例如，表扬到校次数多的儿童）通常只会换来表面上的服从（National Research Council, 2003）。然而，当能够促进深度认知投入的其他策略不存在时，学生往往不再学习。他们的身体可能在学校，但是他们的思想已经置于别处。

三、一些消极症状形成的根本原因

在面对一系列消极影响时，最简单的方法就是责怪教师、学校或家长。但是，这些表面现象背后隐藏着一些深层次的原因。

（一）与儿童学习标准相关的政策

虽然公共政策有能力支持儿童的积极学习品质，但是有些政策产生的效果可能是背道而驰的。

在美国，每个州都有基础教育标准，规定从幼儿园到中学的儿童应该学习什么以及要会做什么。现在各州还出台了早期学习标准，幼儿园也有学习准则。这些标准从根本上并没有什么错，甚至如果做得够好，就能获得好的结果（NAEYC & NAECS/SDE, 2002）。然而，在很多州标准中，许多条目可能会产生一些不能促进儿童深度投入到学习中的教学方法（Kendall & Marzano, 1995; Neuman & Roskos, 2005）。

面对如此众多的标准和要求，教师或许觉得课程内容需要覆盖课程标准中的所有条目，就像在曼宁女士课堂中所看到的，她在浅层次上努力覆盖哥伦布与哥伦布日。虽然教师有可能以更加深入和综合的方法提前记住大量的标准，即所谓的"关键指标"（Reeves, 2002），但是由于在实际操作中缺乏专业发展支持和管理支持，教师很难真正将课程标准落实下去。

有些标准化的政策会让教师更加机械地关注低水平的、死记硬背的学习方法。有批评指出（Kendall & Marzano, 1995; NAEYC & NAECS/SDE, 2002; Reeves, 2002），很多标准化文件强调学习割裂的事实和技能，而不是让学生的学习进入到更广泛、更激励人心的"宏伟创意"（big ideas）。美国数学教师国家委员会（NCTM, 2000）的标准强调，"宏伟创意"是学习某一学科时对核心思想的表达，它是一种思想，将很多理解与连贯的、相互联系的整体进行连接。在数学或其他任何一个内容领域，这些创意想法更有可能促进儿童的兴趣和专注力，帮助他们解决复杂的问题，提升其学习动机。

正如导言和第 3 章所述，有些州的早期学习标准包括了学习品质，并将其作为独立的学习领域进行分类。还有些州将学习品质的不同要素包含在其他领域中，如社会学习、社会和情感技能（Scott-Little, Kagan, & Frelow, 2005）。然而，当学习品质不再被作为一个单独的标准内容领域时，这种淹没式的划分可能无法让教育者、政策制定者充分地关注到这一入学准备领域。

（二）与高风险评估相关的政策

当然，并不是所有形式的评估都有降低儿童积极学习品质的风险。事实上，NAEYC 和 NAESC 这两个全国性组织（NAEYC & NAECS/SDE, 2003）的立场声明文件已指出，评估是每个儿童的权利，并且评估最好可以支持儿童获得积极的成就，为教育者提供必要的信息来组织教学。对于有特殊需要的儿童，评估还有其他价值，即让儿童获得服务，为儿童创设并评估个性化的教育计划，以及使融合教育成为可能（Division for Early Childhood，2007）。

虽然与评估、认证相关的政策有一些潜在的好处，但它们实际上也给儿童带来了危机。事实上，正是意识到这些问题，才驱使上述全国性组织在立场文件和其他场合发声。不适宜的评估的真正危险是降低儿童对学习的热情和投入。

例如，因为当下很多评估都是由州政府或联邦机构主导的，重视掌握很多狭隘的基本技能，所以，教师会觉得这些是他们要在课堂上强调的领域，而排斥那些包含更广泛技能、更有潜力让儿童投入于学习的材料。实质上，"为考试而教学"已变成了课程，并且这一课程愈加狭隘且缺乏挑战性。这种模式存在于从幼儿园到中学的各个阶段。美国国家研究委员会（the National Research Council, 2003）针对高中生在学习中的投入这一问题发表过一项报告，指出，由于教师需要带领学生准备与现实脱节的多选题测验，所以不再有精力提供有意义的、对智力具有挑战性的材料，学生的学习随之也变得不太投入了。

尤其是儿童再长大一些后，他们很可能将自己眼前的困扰与测验结果相联系。在当下的政策环境中，教师和父母过早地让儿童参与到了高风险测验中。来自四面八方的信息或许会让儿童以为，教育的全部目的就是为了在测验中获得高分。在这样一种测验氛围中，儿童很可能实现的是"表现性目标"（performance goals），而不是与积极学习品质相关的掌握性目标或学习目标（the mastery or learning goals）（Dweck, 2000），他们的学习动机很可能源自外部动机而不是内部动机。

四、对易受伤害儿童的影响

本章描述的影响对任何幼儿都不好，但最可能影响的是那些已经处于危机中的儿童。这些儿童需要积极学习品质的额外激励，但是很不幸，他们是最不可能获得这些益处的人群。

（一）有特殊需要的儿童

虽然有特殊需要的儿童不太可能变得比正常儿童还要更加投入，但早期干预可以提升儿童在学习中的投入度，进而促进其学习（McWilliam et al., 1985）。然而，在本章，我们已经看到了一些课程和教学方法的例子，它们会削弱所有儿童的投入度，尤其会对那些最需要有计划的参与策略的儿童带来极其不利的影响。回忆一下曼宁女士班上的罗德尼小朋友，他有非常严重的认知发展延滞。这是一堂课程内容和教学方法都无法让儿童投入的课程，我们看到，在课上罗德尼一直在发呆。事实上，上这节课期间，大多数儿童是不专注的，但是罗德尼尤为严重。他对于学习缺乏投入，这将会对其学习带来更加消极的后果。

（二）成绩落后儿童

许多幼儿在进入托儿所、提前开端项目和幼儿园时，在基本认知和学业技能方面已经"落后"于同龄儿童（Klein & Knitzer, 2006）。正如我们看到的，内在的学习动机促使儿童掌握更难的材料，并在面对困难时能够坚持下去。然而，有研究者发现，并且实践者也已经证实，高风险测试的压力尤其损害部分儿童的学习动机——这些儿童在入学时成绩较低，在低年级时受到学校的不平等对待（Kumar, Gheen, & Kaplan, 2002）。美国国家研究委员会（NRC, 2003）在关于高中生学习投入度和动机的研究报告中指出，高风险测试是引起成绩落后青少年消极学习和辍学的一个根源。这种测试不鼓励儿童全心投入和学习，而是过于强调成绩表现，其后果就是降低了这类处境危险学生的学习动机以及获胜信念。

（三）不同种族、文化和语言的儿童

种族、文化或语言的多样性本身并不会让儿童的积极学习品质面临危险。然而，当在学前教育项目中，儿童不能很好地理解种族、文化或语言的差异性时，他们对学习的热情和投入就会面临挑战。研究表明，少数族裔儿童极有可能产生学习动机困难——不是因为缺乏内在的动机，而是因为课程内容或教学方法不符合他们的兴趣和交往风格（Barbarin, 2002; Graham & Taylor, 2002）。

一般来说，这些挑战和困难源自家庭与学校之间存在的对儿童适宜行为期望的不一致。教师可能认为，儿童的某些行为表明他缺乏学习兴趣，但这些行为又确实符合其文化和社区价值观的要求。例如，如果儿童不直接看教师，教师有时候会认为儿童对学习不感兴趣或抗拒学习。又如，儿童在家庭中受到的教育是不要问大人问题。在一项以西班牙裔儿童为主的小学家长—教师联合会的观察研究中，一位英国教师告诉一些家长，她注意到，这些孩子们对所学的内容不感兴趣，因为孩子们没有提问（Greenfield, Quiroz, & Raeff, 2000）。但是家长们非常困惑，为什么他们认为合乎规范的行为——"在倾听中学习"，会受到老师的批评。

（四）贫穷儿童

最后，生活在贫穷中的儿童——无论他们是什么种族、文化、语言，无论他们身体是否健全，都面临着不能发展积极学习品质的危险。有些危险与贫穷儿童的普遍健康不良和营养水平相关：当儿童饥饿、生病的时候，很难集中注意力或坚持解决一个困难的问题。贫穷社区中的家庭压力

也会让儿童无法体验到安全的与成人之间的关系，这会降低儿童探索、解决问题及接受新挑战的能力。

五、回顾与展望

　　本章开头部分我们提到，本章的全部内容是让人气馁的。我们列举了一件又一件会让儿童在学习中变得消极沮丧的事情。这些对教师、管理者、倡议者以及关心儿童福祉的人都不是好消息。但是，好的一面是，这些情况不是不可避免的，也不是不可逆转的。在第二部分的章节中，我将描述一些具体的工具，学前教育工作者可以用它们来提升儿童的积极学习品质。

 思考、讨论与行动

1. 有经验的教师如何看待本章中提到的这些问题？采访几个你认识的教师，了解他们在处理那些可能降低儿童对学习的热情和投入的因素与趋势时的经验。

2. 花时间观察几个教室，关注那些特别不专心、拒绝进入学习活动的儿童。反思一下，是哪些因素削弱了儿童的积极学习品质？并考虑一下，是什么因素在影响儿童的消极学习品质？

第二部分

将危机转化为机遇：支持积极学习品质的实证工具

在本书的第一部分结束时，我论述了学前儿童的积极学习品质在很多方面被忽视或削弱了。但同时，我也强调了消极结果不是不可避免的。在第二部分，我们将检验一些具体的策略和行动步骤，学前教育工作者可以用其来提升儿童对学习的热情和在学习中的投入，带动儿童的家庭参与其中，并且为支持积极学习品质的教育政策进行宣传。

这些工具策略是建立在实证研究基础上的（Buysse & Wesley, 2005）。也就是说，它们来自于可靠的研究，建立在学前教育专业的价值观和经验基础之上。它们也适用于多种环境以及不同的儿童和家庭。然而，接下来的章节不会用枯燥的方法来呈现。对于所呈现的这些工具，我会举出一些例子，说明它们如何适用于儿童的发展水平、个性和文化特征、能力的强项和弱项。这些策略也需要适应教师自己的风格、方法和经验。

我将用六章内容来展示这些支持积极学习品质的工具。第5章提供了创建并增强积极关系的每日教育策略，这种积极关系的特点是温暖、投入并伴有较高的期望。第6章的目的是帮助读者识别、分析并实施那些可以促进积极学习品质发展的课程。第7章强调的是物理环境的创设、日程的安排和教师们的集体决策，以及教师该如何成为学生的榜样，如何使用那些有助于儿童建立内在动机、使儿童投入和自我调节的教学方法。第8章描述了在高质量的早期教育项目中评估的核心地位，强调用评估结果帮助我们了解儿童积极学习品质的更多方面，为课程和教学决策提供信息。第9章论述了学前教育工作者应如何与家庭建立互动关系，就儿童学习品质的内容与家长进行对话交流，用尊重且适宜其文化的方式与家长共享实践性的观点。第10章把读者带出教室和家庭环境，去探索其他途径，以通过新的研究工作、专业发展和公共政策来帮助学前教育领域更加关注儿童的学习品质。

在第二部分以上章节的内容中，你会发现下列材料。

◆ 各种工具的具体实例，并且你会看到在不同的环境中该如何运用它们；

◆ "研究提示"：与这些策略相关的研究简介；

◆ "主要策略"：将每一个策略运用到每日工作中的快捷技巧；

◆ "每日提升"：教室情景下的教学案例、教学计划、教学互动和其他每日活动，并分析、提升和应用它们。

让我们通过确定教师和儿童之间的关系以及他们在学习共同体中的盟友身份是如何支持儿童对学习的热情和投入来开始这一部分吧。

第 5 章
与所有儿童建立亲密关系的工具

　　塞丽娜是一位幼儿园教师。早上，她坐在桌子旁迎接小朋友。孩子们渐渐地入园，开始做事情。塞丽娜拿出了一大箱乐高玩具，有两个女孩，玛丽埃尔和露西，选了这些玩具。塞丽娜就在这两个孩子旁边搭建，她在玩的时候还自言自语："哦，或许我可以用几片这个来代替。""我还没有窗户呢，嗯……我想知道我可以把它们放在哪里，咱们来看看。"

　　过了一会儿，塔尼卡过来了，他害羞地挪到桌子边，眼睛看向塞丽娜。"哦，早上好，塔尼卡！"塞丽娜问好道。"这里有个座位，坐过来吧。来说说你和奶奶去探望妈妈的事情，好吗？她坐的公交车按时到达了吗？你和奶奶今天下午会去医院看望妈妈吗？"随着游戏时间的推进，塞丽娜让儿童参与到对他们所搭建的乐高建筑的讨论中。玛丽埃尔看上去有些沮丧，不太满意她的建筑，塞丽娜评价说："这个真的很高啊。你想怎样做不让它倒下来呢？哦，我明白了——有办法。"在看到露西的作品后，塞丽娜招呼其他两个孩子，吸引他们注意露西的搭建方法，并在他们指出应如何连接房子时引导他们进行集体搭建。当另一位老师温德尔告诉大家吃早餐的时间到了，应该清理桌面时，塞丽娜对女孩子们说："你们谁想待会儿继续工作的话，可以把作品放在保留架上。"

在前面第3、第4章的研究中，我们可以看出，师幼关系对幼儿各方面的发展都很重要（Howes & Ritchie, 2002；Shonkoff & Phillips, 2000），包括儿童对学习的热情和学习中的投入。因此，第二部分第一章的内容论述的是教师该如何与儿童建立亲密关系。表5.1列出了一些对儿童积极学习品质有影响的因素——你在开篇的例子中可以发现这些因素，这些因素在本章后面的内容中也将继续被证明。首先，我要讲讲这两个工具。(1) 情感联系：与每个儿童之间的温情、对儿童需求的敏感和在活动中的参与；(2) 共同体：一个接纳和欣赏所有儿童的班级和学校。本章接下来会说明这些亲密关系是如何影响那些学习困难和生活困难的儿童的，并进而提供一些教师之间该如何建立关系的思路。

本章目标

读完本章后，你将能够更好地：

1. 解释人际关系如何支持儿童对学习的热情和投入。
2. 采用一些具体策略创设更好的师生关系，营造更好的课堂集体感。
3. 运用关系的力量——师幼联系和共同体——作为支持某些处于特殊困难时期的儿童积极学习品质发展的方法。

一、工具 1：与儿童的亲密关系

学前教育工作者进入这一领域常常是因为他们有过与幼儿建立融洽关系的幸福体验，或者因为他们渴望拥有这种关系。建立与儿童的亲密关系对我们很多人来说是自然而然的。但是，在教学方面，有意识地加强对这种"自然而然"的东西的关注是非常有价值的投资（见表 5.2）。

◆ **表 5.1　关于师生关系和学习品质的研究提示**

◆ 当教师与儿童建立了情感上的安全纽带时，会有助于儿童参与学校生活。

◆ 在小学，儿童对自己与教师关系的描述能够预测儿童的合作行为、自主感和在学习中的投入（Furrer & Skinner, 2003）。

◆ 教师宣告的与儿童个体的亲密关系可以预测该儿童的学业成就（Pianta,2000）。

◆ 那些宣称自己与学校有较强"相关性"的儿童在学习中表现出更多的情感投入和行为参与（Furrer & Skinner, 2003）。

◆ 如果教师表现出更多积极的情感和敏感性，不太严厉并且不太漠然，幼儿更可能投入到教室活动中（Ridley et al. , 2000）。

◆ 即使在高中，如果学生感受到教师关心他们，他们会为了那个教师而更加努力地学习（National Research Council, 2003）。

◆ **表 5.2　培养师幼关系的主要策略**

◆ 每天，当你的眼睛与儿童的眼睛触碰到一起时，请微笑。

◆ 用适合个体和其文化的方式深情地接触儿童。

◆ 当教师倾听儿童时，请将整个身体朝向他。

◆ 当教师结束了与儿童的谈话时，请停留一会儿，继续看着儿童，然后再转向别的活动——你这是在向这个孩子确认，他和这次对话对你是重要的。

◆ 问儿童一些据你所知他认为重要的事情："你和你爸爸周末一起看的电影怎么样？"

◆ 对儿童的努力而不只是结果，进行真诚地鼓励："你在完成那个拼图时真是非常努力——我知道你是如何克服那些困难的。"

◆ 在教给儿童知识时，教师要与儿童分享自己的经验。例如，在研究大海时，教师说："我在你们这么大时就住在海边，我常常在海滩上散步。"

◆ 让儿童看到你是不完美的："哦，不！我忘记订购一些水彩笔了，因此我们常用的颜色没有了。在订购之前，我们能想出什么办法吗？"

◆ 对儿童的呼喊、骚扰、攻击等立即给予回应，以便为所有儿童创造精神上安全的环境。

引自：Bluestein（2001），Hyson（2004）, and Kirschen（2005）.

（一）了解儿童及其家庭的信息

当教师了解自己班级的每个儿童及其家庭和社区时，他与儿童之间的联系就更加紧密了。塞丽娜了解每个孩子，她以欢迎大家进入乐高游戏桌的方式，在对话中融入对每个人的关心，比如，她与塔尼卡谈到她妈妈住院以及奶奶去看望妈妈的事情。

特别要注意的是，如果教师并不住在幼儿园所在的社区内，那么教师需要走访或者开车逛逛社区，留心一下儿童在哪里玩耍，他们怎样上学，在哪里买东西，他们乘坐的公交路线是怎样的，等等。有些教师会在儿童开始上幼儿园之前进行家访，用这个时间了解一下家庭对于孩子的期待和希望、父母的养育经验以及每日生活安排。无论怎样收集这些信息，重要的一点是：教师要注意家庭成员是否愿意分享这些信息，尤其是有文化差异的家庭。教师表现出的欢迎、真诚、尊重他人的态度会慢慢赢得家长的信任（第 9 章有很多建议，告诉教师如何在促进儿童的积极学习品质方面与家庭建立联系、共同行动）。

当然，一旦儿童可以用语言、图画或其他媒介来表达自己时，他们就会告诉教师很多关于自己的情况，以及在学校之外的生活。每天寻找时间与每个儿童进行一对一的谈话，可以增进对班级每个成员的了解。虽然对忙碌的教师而言，这看起来非常有压力，但即便对每个孩子只关注一分钟也是非常有价值的。在进行这样的对话时，教师应注意不要测验儿童，或是让他们为难。每个孩子都是不同的，并不是所有的孩子都渴望分享他们生活中的所有事情。尤其是在儿童长大一点后，他们可能不愿意分享一些信息，他们的隐私应该受到保护。开放的问题和讨论或许会有所帮助："西蒙，你这是一件新夹克吧！""你在爸爸早上离开的时候，真的给了他一个很大很大的拥抱。""卡米拉，我不知道今天下午谁来接你。你知道吗？"当教师分享一些他们自己生活中的事情时，儿童经常会急着插话进来，如："我今天回家后，要把我家的猫猫带去看医生，它有点生病了。"

除了这种对话，认真观察和仔细记录也会帮助教师了解儿童的独特个性、兴趣、优势和需要。第 8 章描述了这方面的方法。为了收集信息以帮助建立师幼联系，关注儿童的优势非常重要，而不要只关注那些有待提高的方面。无论是在笔记本、检索卡或是计算机中，教师都可以描述和记录幼儿的这些特殊品质，它们会反过来为师幼之间的积极联系提供基础。比如，当儿童从早上的自由游戏时间过渡到早餐环节时，塞丽娜花了几分钟时间对露西在搭建复杂结构方面的兴趣和自信做了笔记。

（二）温暖和关怀

教师对于儿童的了解需要转换为建立情感的行为。儿童可以快速捕捉到成人情感的线索。他们知道哪些老师是和蔼可亲和关爱自己的。亲切的教师会传递出对儿童真心的喜爱和尊重。根据儿童的年龄、文化和其他特征，结合教师个人的风格，教师可以用多种方式表达关怀的情感。和蔼的表达、表示欢迎的微笑、温柔的触摸以及童稚的语调——所有这些都传递出成人对班级全体儿童和个别儿童的情感信息。

与关爱情绪相关的是教师的交流行为和表达关怀的行为。关怀儿童的教师会对个别儿童的行为"随机"做出回应，也会改变一小组儿童的兴趣和需要。这一点为什么如此重要呢？因为当成人偶尔对儿童的语言、声调、行为或者语气进行回应时，儿童感受到了理解和尊重，强化了自我认同感。关爱型的教师在儿童身边停下来，看一看，听一听，他们会对儿童的行为做出有意义的联系。在玛丽埃尔听来，塞丽娜一直在自言自语，她在尽力克服困难，尝试固定自己的乐高积木结构，（但实际上）是因为塞丽娜看到了玛丽埃尔因无法完成她的宏伟计划而倍感失望。

（三）参与到儿童的活动中

当教师直接参与儿童的活动，尤其是参加不是教师设计的活动时，教师与儿童之间的联系会得到加强。教师可以坐在一个孩子身边或是一组孩子当中，在他们需要帮助时提供一点支持，通过这种现场交流表明教师对儿童和儿童活动的重视。例如，当塞丽娜注意到玛丽埃尔表现出失望时，她创设了温馨的氛围，并示范积极的学习行为："哦，我不太确定我该如何在这个房子里放一扇门。我不知道我该试试哪一片。啊，那个不适合。

你觉得这个怎么样呢？"这种教师参与可以促进儿童的认知和学业发展，也会明显改善师幼关系。

在这种活动及其他类型的活动中，教师可以让幼儿知道，在教师眼中，他们很聪明，可以完成任务，可以通过自己的努力和别人的帮助获得成功。对于儿童的努力和表现，参与型的教师会给予专门的反馈和鼓励："特别感谢你们扔掉那些纸杯。现在，桌子已经收拾好了，我们可以画画了。"切记：这些鼓励信息应该是具体的，而不是那种实际上会降低儿童内在动机的模糊的、泛泛的表扬（Dweck，2000）。当儿童来自不同的文化背景，或者母语是其他语言时，教师的肯定要在文化上与其呼应。例如，有个儿童安静地站着，头低垂着，而不是引起教师的注意，让教师看到她的清洁工作做得多好。如果是这种风格，教师可以给这个儿童一个温暖且真诚的赞赏——"棒极了！"或者，教师承认得到了一组儿童的帮助，而不是某个儿童。

阅读完工具 1，再阅读一下表 5.3 的内容，思考一下，运用前面掌握的师幼关系内容，你该如何回答这个问题。

◈ 表 5.3 在日常生活中加强师幼关系

可以在日常生活情境中增加对师幼关系的关注，这对建立积极学习品质非常重要。

两岁的埃利亚斯和她的妈妈最近刚从本州的另一个地区搬过来。他刚刚进入平等之风家庭托儿所。埃利亚斯看上去很害羞。当邀请他加入约兰达女士组织的自由游戏活动时，他摇摇头表示"不"。约兰达女士尝试着在集体活动或其他分组活动时将埃利亚斯抱入自己的怀里，但他推开她，有时还会哭。即使在老师向他微笑或者轻拍他背部的时候，他也会转身离开她。

你有什么好的建议来帮助约兰达女士和埃利亚斯建立积极的关系，帮助埃利亚斯在新的幼儿园生活中变得更加热情和投入吗？

二、工具 2：共同体——让儿童获得认可、知识和尊重

除了要与个别儿童建立联系，学前教育工作者还要强化其他方面的关系，也就是所谓的"学习者关爱共同体"（Caring Community of Learners）（Bredekamp & Copple, 1997）。

（一）什么是关爱共同体？为什么它们重要？

关爱共同体的定义是："教师和学生之间彼此关心和支持，积极参与并共同进行活动和决策，能够感受到归属感和认同感，师幼产生共同目的和价值观的地方。"（Lewis, Schaps, & Watson, 1995）虽然具体细节还取决于特定的环境以及儿童的年龄、文化和其他特征，但这一描述直达概念的核心。

儿童与教师的亲密联系是最重要的关系，尤其是当儿童长大后，无论对于个体还是对于集体中的一员，关爱共同体都提供了一种归属感和价值感。共同体不但存在于教室之内，也可以存在于整个学校，甚至更广泛的范围内——社区、小镇、村庄等。归属于这样的共同体对儿童特别有价值，尤其是对那些生长在强调互相帮助和分享文化中的儿童。对小学和初中的研究反复表明，对所有儿童来说，强调营造共同体氛围的学校能够培养儿童更浓厚的自我导向和更强烈的学习动机，这是儿童积极学习品质的关键要素（Northwest Education Collaborative, 2001）。在为学前儿童服务的幼儿园中，也可以看到共同体具有同样的好处。

（二）从小处起步：创设关爱共同体的方法

就像师幼关系一样，关爱共同体也是通过小事情建立起来的。或许对教师来说，最重要的是做孩子们的榜样，与孩子相处时使用尊重、包容的语言和行为，这也是教师希望儿童学会使用的语言和行为（Diffily & Sassman, 2002）。正如表 5.4 中列出的，日常活动中的师幼互动和小改变

可以向儿童传达出这样的信息——作为共同体的成员，他们是有价值的，并显示什么样的行为和态度可以使一组儿童成为支持性共同体。看到塞丽娜和三个女孩子在积木桌边，我们会感觉到那种舒服的共同体已经被创设出来，这种创设是通过塞丽娜的声音语调、真诚的欢迎方式以及她邀请儿童分享自己的搭建方法并试着共同做一件事的方式来完成的。

◈ 表5.4 基本要点：创设关爱共同体的技巧

下面是学前教育工作者可以用来创设关爱共同体的一些方法。当然，应该兼顾到每个儿童，要考虑儿童的发展水平、文化背景、强项或弱项。

- 为儿童示范尊重性的语言，鼓励他们彼此之间使用，如："谢谢你帮助玉玉收拾她的积木块。这样她完成起来更容易，也方便我们大家准备去户外活动了。"

- 识别每个儿童的兴趣和天赋，以帮助整个团队："艾尔莎是我们当中的系鞋带专家。如果你们有困难，可以请她帮忙！"或者："或许雷奥知道如何玩那个游戏——我记得他今天早上玩过。"

- 教师试着说"你们可以一起做决定"，而不是总替儿童做决定。

- 教儿童学会如何在集体中听取他人的意见，在讨论中做出贡献：别人讲话时要看着他；发言要学会等待；等等。

- 制订一些共同的规则，反映"大家在班级里做事情的方法"：在每周五设置一个特别的故事时间；儿童离开时要握手；等等。

- 用烹饪活动作为建设和庆祝共同体的方式，最好这些烹饪活动可以将不同年龄、不同文化传统的儿童融合在一起。

- 找到具体的方法，比如一瓶"友好果酱"、一个展示板，或是在每日集体活动中认识事物，帮助儿童关注、描述别人做的好事，以把班级营造成为更好的地方。

引自：Diffily and Sassman（2002）and Whitin（2001）.

（三）下一步：集体工作、项目工作和班级会议

除了一些日常的建构共同体的活动，教师还可以考虑再用点其他方法。接下来我将描述三种可能的方法：（1）"集体工作"（big jobs）；（2）项目工作；（3）班级会议（class meeting）。

幼儿参与集体工作 大多数学前儿童项目把"工作"作为教室日常的内容。儿童主动或者按照教师的安排去做一些工作，如喂鱼、擦桌子或者当班长。虽然这些活动是有价值的，但因为都是个别活动，有时候还是教师安排的，所以对培养共同体的意义不大。因此要考虑集体工作，这对幼儿园来说既具有挑战性，又非常重要。例如，在最新的一篇文章（Jones, 2005）中，一所农村幼儿园教师将他们的集体工作描述为在货车中喂养动物，铲除校园台阶上的雪，以及其他一些要求团队合作且对学校功能发挥来说非常重要的工作。无论在什么环境中，当儿童与一个大团队分享努力工作的成果时，这种工作都会帮助儿童获得一种成就感和胜任感。

项目工作 项目工作是让儿童参与到主题的拓展学习中，它已成为从幼儿园到小学低年级阶段早期教育的一部分。有时候，这种项目工作是课程结构中一个必要的组成部分，比如项目课程（Helm & Katz, 2001；Katz & Chard, 2000）或瑞吉欧·艾米莉亚方案（Edwards, Gandini, & Forman, 1998）。还有的教师以更加平常的方式使用项目、主题或综合教学单元（Diffily & Sassman, 2002）。方案教学有很多好处，其中一个就是可以促进幼儿共同体的意识，进而促进儿童热情地、投入地学习。通过项目工作，教师为儿童提供了合作探究的机会。当项目伴随着儿童的成果日渐成型时，由于儿童的兴趣和技能不同，所以每个儿童的贡献也会不同。把这些儿童个体的贡献综合在一起，就形成了一个共同体的集中展示、作品记录或学习成果。

班级会议 除了每日的线上活动时间，班级会议也有助于儿童形成集体感，它可以逐步引导儿童更为热情和专注地参与到学习活动中去。

对于班级会议，早期教育工作者有许多不同的形式和目的（Educator for Social Responsibility, 2007）。其中一个重要的目的就是让儿童参与讨论教室中的问题：儿童之间是否有矛盾，儿童是否感受到班级规则的不公平，或者儿童是否感觉被一群朋友孤立。在言行举止充满关爱和尊重的成人的指导下，定时将儿童集中起来参与这类话题的讨论，会帮助儿童建设一个为大家共同拥有和能贡献自己力量的"和平教室"。

◈ **表5.5 加强每日联系：展示和讲述**

下面是另一个可以在班级中强化的日常情景。这个例子是为了更有效地使用一个日常规则来建设学习者关爱共同体。

像其他幼儿园一样，在这个幼儿园的班级里，每周一儿童要进行展示和分享。按惯例，儿童可以从家里带来一些东西——通常是一个玩具，也可以是其他东西——向同伴们展示和描述。虽然儿童有时候很难听进去别人的讲述，但他们还是喜欢这个活动。有时候，儿童有攀比心理，争相从家里带来与前一周朋友所带的相比更大、更好的玩具。

幼儿园教师想要在展示和分享环节做出一些形式上的调整。这个活动是否可以被调整为：创设一个更有教室共同体感觉的环境，让所有儿童都能感受到归属感、价值感和接纳感？

随着时间的推移，教师通常会发现，教室中的矛盾减少了，儿童原来用于解决这些问题的精力现在都用在了进行创造性学习上。而且，解决问题技能和自我调节的社会性技能在班级会议这类活动中得到了关注，也在一天中的其他时间被关注，这有助于儿童积极学习品质的总体提升。通过在班级会议中解决真实的、自然的问题，儿童欣赏彼此的想法，享受集体合力解决问题的过程，这对整个集体是有好处的，而不只是个人的成功。无论讨论什么样的问题（见表5.5的例子），班级会议仍然是另一种建立集体感的方法，因此也可以产生支持儿童积极学习品质发展的人际关系。

三、关系发生改变的关键时刻

人际关系很重要，有时它在支持儿童的积极学习品质方面有特别的意义。

（一）当学习遇到困难时

几乎所有儿童都会在某个时刻遇到学习困难。这时，他们可能有很多困扰，不能保持兴趣、专注和投入。即使教师是亲切的，课程是适宜的，从根本上，对儿童来说有一些技能还是很难学会（例如，在魔术贴时代之前系鞋带的方法）。无一例外，当一个一年级学生费力地读出一个不熟悉的字时，儿童会发现学习阅读很困难。学习书写也会让人沮丧，尤其是运动技能较好的儿童，会在这方面落后于同班同学。

虽然所有儿童都会对某些学习领域感到吃力，但在某些领域上，个体的差异还是挺大的。能轻松阅读的儿童可能对学习数学概念感到困难。还有儿童可能在运动技能的学习上困难重重，如荡秋千时不会为自己提供动力。一些有注意力缺陷的儿童，到了一个新班级后，很难在较长的集体活动中保持安静的坐姿。有学习障碍的儿童可能很难拼出那些对别人来说轻而易举的单词。

在这些情形下，儿童处于对自己的能力感到失望、失去信心的危机中，并且不愿意再为了掌握那些困难的概念或技能而付出持续的、必需的努力。这就是先前在人际关系上（师幼关系和学习者关爱共同体）的投资兑现的时机，这些投资可鼓舞儿童度过这些困难的时刻，鼓励他们坚持下去直至攻克难关。对于所有儿童而言，尤其是那些在学习上百般纠结、有障碍的儿童，教室中的积极情感氛围可以促使他们表现出对学习更多和更高水平的投入（Dilcher & Hyson, 1997）。

（二）当生活遇到困难时

当生活遇到困难时，师幼关系和共同体也可以帮助儿童维持对学习的热情和投入。有些儿童的生活似乎异乎寻常的艰难：他们生活在极端贫穷的环境中，身边总是充满暴力，还有其他一些慢性压力源。有些儿童或许正处于短期的困难时期，例如父母分居、母亲失业或者疾病缠身。

这些危险因素会阻碍儿童发展积极学习品质的能力。但好消息是，研究表明，"人际关系"的力量可以"减轻"这种慢性的、断断续续的压力。例如，研究者发现，非裔美籍儿童中，与那些和教师关系不太好的儿童相比，与教师建立了更为积极关系的儿童其语言技能获得了更显著的提高（Burchinal, Peisner-Feinberg, Pianta, & Howes, 2002）。教师经常可通过促进家庭参与、创设特别积极的情感氛围来强化人际关系，而对这种人际关系的广泛强调可以逆转消极的趋势，开始积极的循环。本章开篇提到的教师塞丽娜与所有儿童都建立了温暖的人际关系，但她特别关注了诸如塔尼卡这样正经历多重压力的孩子。

在以下这两种具有挑战性的情境中——学习遇到困难、生活遭遇不幸（或者，有些儿童二者兼具），学前教育项目可以起保护伞的作用（Northwest Education Collaborative，2001）。无论是儿童与教师个人建立人际关系，还是产生一种团体上的归属感，都可以帮助他们营造一个安全的心理港湾，给他们带来情感上的安全，使他们可以集中注意力做一些事情，而不考虑生活中的焦虑、压力或混乱。

（三）教师的感情和人际关系

讨论人际关系的章节不应该忽略教师自己的情感和人际关系，以及这些情感和关系又是如何影响他们与儿童之间的关系。本章推荐的这些工具依赖于教师发展与儿童情感相通的能力。现实情况是，如果教师自己正在经历失望、焦虑或其他心理压力（Li-Grining et al.，2007），那么使用这些工具对他来说是很困难的。正被沮丧情感所困扰的教师，不太可能与儿童建立特别亲密的关系，促进儿童对学习的热情和投入。解决这类问题的方法不是强迫教师振作起来，而是要使用与儿童一样的情感支持来帮助教师。园长和同事发现了那些有情感困扰的教师或者处于发展危机中的教师，应尽可能提供特别的帮助，必要时向这些教师推荐专业人士进行指导。同时，阻碍建立良好关系的原因除了教师个体的精神健康，还有低工资、低尊重以及非支持性的工作条件等环境因素。

四、回顾与展望

塞丽娜与一组儿童在乐高积木桌边的工作说明了在支持儿童积极学习品质方面人际关系的力量。塞丽娜用她的亲切、责任心和创设学习共同体的能力，不仅提升了儿童学习的兴趣，而且用这些人际关系提升了儿童的学习动机、坚持性、兴趣以及其他与学习热情和投入相关的要素。就像本章强调的那样，这些关系是发展年幼学习者对学习的热情和投入的最基础的工具。在下一章，我们将提供另外一套工具，这套工具是由有效的学前教育课程所提供的。

 思考、讨论与行动

1. 你可以花些时间观察几个学前教育项目。在比较这些项目时，你看到了重视人际关系（师幼关系和学习者共同体）的证据吗？有哪些特别的活动或互动证明了这些？

2. 在上述项目中，你是否发现了教师与个体儿童之间的关系，或关爱共同体之中的关系，与儿童对学习的热情和投入之间的关联？

3. 考虑一下那些学习困难或者生活艰难的儿童。人际关系是如何帮助这些儿童提升对学习的热情和投入的？如果未发现这种作用，那么人际关系应该如何促进更为积极的学习品质？

4. 设想一下，你正在与本地、本区或本州的决策制定者开会。你围绕着建立师幼关系的话题，提议对教师进行更多的培训，提供更多的支持。而政策制定者对此项提议是否可以帮助儿童学业达标持怀疑态度。在具体论述时，你的核心观点是什么呢？

5. 纵览全章内容，我们强调了建立人际关系的策略需要符合儿童的年龄特点、个体能力和需要、具体的课程环境以及其他特点。从本章的建议中选一个出来，考虑这项建议与你所在班级中儿童的相关性。怎样让这项建议变得适宜？有什么措施可以让这项建议更加有效？

第 6 章
发现和使用高效课程模式的工具

　　在上一章中，我们描述了塞丽娜所带的中班幼儿早上入园时的情景。现在，孩子们吃完了早餐，开始准备他们今天的第一次集体活动。这所幼儿园的课程没有遵循任何一种课程模式。在过去这些年，园长和教职工调整了一种综合课程模式的一些要素，并添加了其他要素，同时他们也利用了自己在团队中长期积累的经验。

　　塞丽娜利用集体谈话来告诉儿童在接下来的大块时间里可以选择哪些区域。有些区域反映了课程的典型特征，同时根据教师的目标和儿童的兴趣，一些新元素会被定期增加到课程中。"在选择活动区时，有一个区域可以供你们制作在摇船上使用的钓鱼竿。"

　　扎卡里从家里带了本书来，塞丽娜同意读给大家听。这是一本小书，因此她告诉孩子们，她将会带着这本书转上一圈，这样大家都可以看到。

她提醒孩子们："竖起小耳朵，调动想象力。擦一擦、拉一拉、拽一拽、揉揉你们的小耳朵，以方便聆听；擦亮你们的小眼睛，以方便观看。"

在集体活动结束后，孩子们在教室四周转圈，有几个已经忘记了他们选择的区域。塞丽娜检查她的记录，并指导这些孩子继续实施之前的计划。在积木区，几个男孩取出了测量尺（测量是中班这一学年课程中数学领域的重点）。塞丽娜询问他们要测量什么，以帮助他们落实想法。

在本章中，我会给出一些建议，帮助教师识别、分析和实施能促进儿童积极学习品质的课程。我们所关注的课程既有"综合的"（课程模式覆盖所有的发展领域），也有包括更多内容或特定学科的课程（例如，科学课程就是其中的一个）。

我们将从学前教育课程价值的研究信息开始，如学前教育课程如何支持儿童在学习中的投入、兴趣、坚持性以及其他学习行为。然而，不是所有的课程都能提供这样的支持，任何课程都可能需要进一步得到提升。为了帮助学前教育项目最大限度地使用这些课程，我将描述三个工具，并举例说明如何使用它们。

第一个工具可用来分析一些强调学习品质的学前教育课程模型；第二个工具是一些方法，这些方法可以调整目前所使用的课程模型，使其更加关注积极的学习品质；第三个工具是一种对于课程或教学干预的思考方式，这些课程或干预特别针对儿童的学习品质。

 本章目标

读完本章后，你将能够更好地：

1. 回顾一些已公布的课程，并根据其潜能来促进积极学习品质。
2. 对已经使用的课程进行具体的调整，目的是为了关注儿童积极学习品质的一个或多个要素。
3. 为了确保学习品质课程对不同能力、个性、文化或语言特点的儿童都有效，应该进行一些额外的调整。
4. 应用具体的标准思考如何使用针对学习品质培养的课程或干预方案。

一、为什么我们要关注课程

本章主要论述与课程相关的内容，先从解释"课程"是什么开始。一个简单的定义就是，课程包括儿童应该学习什么以及如何学习。在学前教育领域以及本书中，"课程"（curriculum）是最一般性的术语，而"某课程"（the curriculum）或"一门课程"（a curriculum）通常指一个项目中教师开发或使用的具体课程。在学前教育项目标准中，全美幼教协会（NAEYC，2005a）将课程描述为儿童掌握知识和技能的目标，以及培养儿童获得知识和技能的学习计划——这些是塞丽娜所在的幼儿园所使用的部分课程。

从这个定义可以看出，课程的目标和计划包括重视儿童积极学习品质的提升。就像第 3 章所述，学前教育课程对于儿童行为和性格的发展具有重要作用。另一方面，就像我们在第 4 章看到的，事实上，无效或者不适宜的课程会降低儿童对学习的热情和投入。

表 6.1 会提醒大家注意，课程中的哪些特征可以促进儿童积极学习品质中多种要素的发展。研究发现，支持儿童在学习中的投入、学习动机和兴趣的课程往往具有以下特征。

◆ 具有挑战性；
◆ 有值得学习的课程内容；
◆ 课程内容强调与儿童的兴趣和经验相联系；
◆ 强调积极参与和社会交往。

即使上文对塞丽娜所带班级只进行了简要的描述，我们依然可以看出，其课程具有以上特征。然而，需要声明的重要的一点是，很多课程研究其对象只是年长儿童，并且可能与学前教育背景没有直接的关系。

有研究者（Wigfield & Tonks，2004）强调，可以促进学习动机和其他积极学习品质发展的高效课程必定不仅仅是"具有激励作用的"或"有趣的"。儿童也一定要通过课程学到重要的知识和技能——不只是因为课程内容和技能对儿童来说是有价值的学习成果，而是因为当儿童学会了知识，并有能力做一些事情后，儿童会感觉自己非常能干，同时获得强烈的自我效能感。这些重要且可以促进儿童能力发展的课程重点是帮助儿童理解他们所阅读的内容（Wigfield & Tonks, 2004），或者是评量塞丽娜班上的儿童在积木区所学习的技能。

基于上述关于课程的背景介绍，接下来，我们讨论一下能够帮助学前教育专业人士发现和使用有潜力的高效课程的三种工具。

◆ 表 6.1　关于课程和学习品质的研究提示

◆ 美国国家研究委员会（The National Research Council）在有关《渴望学习》(Eager to Learn）的报告（Bowman,Donovan,& Burns, 2001）及其他文件中都强调，如果幼儿园使用定义明确且按目标实施的课程，儿童可能获得更好的学习成绩（Hyson et al.,2006; Klein & Knitzer, 2006）。

◆ 有人认为，儿童中心或建构主义课程模式比教导性的、成人主导的课程模式更好。但是，《渴望学习》报告并没有公布有说服力的充分证据，并且大多数专家认为，任何课程模式都既需要儿童发起的经验，也需要成人发起的经验（Epstein, 2006）。

◆ 然而，在学习动机的获得方面，关于儿童学习动机的测量结果表明，更具教导性的课程可能与儿童的负面学习动机有关系（Hirsh-Pasek, Hyson, & Rescola,1990; Stipek, Feiler,Daniels, & Milburn, 1995）。

◆ 当课程聚焦于有价值的学习，即某一学科的"宏伟理想"，儿童在学习中的投入度会获得提升（Brophy, 2004; National Council of Teachers of Mathematics, 2006）。

◆ 综合主题课程对儿童学习动机的总体发展具有积极的影响（Wigfield & Tonks, 2004）。

二、工具 1：分析课程模式

不同学前教育课程模式或方法之间存在着很多方面的差异，包括课程是否具体、明确或结构是否清晰，课程是否是综合的并包含了教师主导的活动与儿童主导的活动。这些不同并不能说明某种课程模式比其他的优秀。然而，NAEYC 和 NAECS 这两个全国性的学前教育组织在一个联合立场声明中要求各幼儿园"采用经过深思熟虑的、富有挑战性的、幼儿主动参与的、具有发展适宜性的、符合多元文化和语言的综合性课程，这样的课程能在最大程度上促进所有儿童的积极发展。"（NAEYC & NAECS/SDE, 2003）在这份立场声明中，这两个组织列出了一些可以促进儿童发展的具体课程标准。

- ◆ 儿童是主动的、投入的；
- ◆ 目标清晰且面向全体儿童；
- ◆ 课程是有证据支持的；
- ◆ 有价值的课程内容来自于调查研究，并要通过聚集式的且有计划的教学来实现；
- ◆ 课程要建立在先前的学习和经验基础上；
- ◆ 课程是综合性的；
- ◆ 课程的主题内容得到了专业标准的验证；
- ◆ 课程很可能让儿童受益。

这些标准使用诸如挑战性、投入、有价值的内容、负责任等术语来描述高质量的课程——这些与我们用来描述积极学习品质要素的词非常相似。这说明，如果学前教育课程完全符合 NAEYC、NAECS/SDE 的标准，那么这个课程很可能（当然不能完全保证）是可以支持积极学习品质发展的。

以这些标准作为总指导，我们来检验一些课程模式在多大程度上促进了儿童积极学习品质的发展。选择这些课程模式是因为：它们相对比较知名且适合幼儿园使用，并且每种课程模式都以不同的方式强调了儿童学习品质不同要素的培养。这样的讨论既不是为了表扬，也不是为了贬低任何一种课程模式，而是为了说明大家所熟悉的课程模式都以某种方式包含了对幼儿学习热情和投入度的培养。对这些课程模式的描述是简短的，并且只集中讨论了与本书相关的部分内容。每一部分所引用的参考资料都提供了关于具体课程模式的详细信息，这些详细信息是由课程的开发者和实施者提供的。对于不同的学前教育课程模式的其他观点，可以参考戈芬和威尔逊（Goffin & Wilson, 2001）、凯斯勒和斯沃德纳（Kessler & Swadener, 1992）以及塞夫德（Seefeldt，1999）等研究者的著作。

　　下面以五个综合性的课程模式（也就是，课程设计时强调儿童学习和发展的许多领域）来举例，最后将用具体的领域课程——科学课程进行总结。

（一）蒙台梭利课程

　　当代蒙台梭利课程模式（Montessori Curriculum）的发展源于 20 世纪早期玛丽亚·蒙台梭利的开创性工作（Torrence & Chattin-McNichols, 2000）。在该课程中，儿童在混龄群体、小组群体中独立地工作，并使用专门设计的具有可操作性、能够进行错误控制的材料来帮助儿童建构对于概念的理解。教师观察儿童的发展，通过提供材料、持续指导、鼓励学习等方式给予儿童回应。教师会介绍材料的用途和使用方法，但是允许儿童独立进行探究。

　　蒙台梭利教育以下列理念为前提：儿童具有内在的学习动机，并能在学习中真正感受到快乐。从学习品质的视角来看，蒙台梭利教育的一个核心原则是强调儿童"自我校正"和"自我调节"的重要意义（Montessori, 1995; Torrence & Chattin-McNichols, 2000）。蒙台梭利认为，儿童如果有机会发现自己真正的兴趣，并能有目的地根据自己的兴趣进行活动，就可以发展自己的内部纪律。蒙氏教具和一日生活流程都有计划地提供了这些活动机会。

　　在学习中的投入，或者被蒙台梭利称之为"专注力"（concentration），是蒙台梭利课程的另一个关键目标。有这样一个故事：玛丽亚·蒙台梭利曾经向将信将疑的参观者们展示了儿童专注的力量。当他们观察到一个孩子非常专注地操作一组圆柱体时，蒙台梭利悄悄地将这名孩子连椅子一起举起，并将她移动到教室的另一区域，这丝毫没有让孩子的注意力从自己选择的任务中转移（Montessori, 1964）。这种对学习的绝对专注或许不同寻常，但强调儿童的内在动机，强调儿童对学习的热爱、坚持、专注等，这些都是蒙台梭利教育的核心思想。

（二）高瞻课程

在皮亚杰心理发展理论的影响下，但更多是在建构主义思想的影响下，高瞻课程（High /Scope Curriculum）的目标是培养儿童对空间、时间、数字、分类等关键概念的理解，同时也包含其他一些对儿童发展成就具有重要意义的概念的理解（Hohman & Weikart, 1995）。在高瞻课程的开发者们看来，课程中既应包括教师发起的学习，也应包括儿童发起的学习，课程内容主要围绕着五大领域开展：学习品质；语言、阅读和交流；社会和情感发展；身体发展、健康和幸福；艺术；科学。该课程的一个重要特点是它关注的是根本性的概念或宏伟创意，而不是机械技能的学习。该课程按照关键发展指标（以前又叫"关键经验"）进行组织，儿童通过主动学习获得对这些关键概念的理解。

在该课程中，有几个特点可以用来支持一些学习品质要素的发展。例如，高瞻课程特别强调儿童的计划。一日流程建立在所谓的"计划 / 行动 / 回顾"顺序的基础上。首先，在集体会面时间，儿童要在教师的引导下进行计划，规划如何在不同的活动区安排自由操作时间（**计划**）；然后，儿童有大块时间投入于活动中（**行动**）；接下来，儿童又以小组的形式聚集在一起，进行回忆、展示、反思，形式可以是语言交流，也可以有其他媒介（**回顾**）。该课程强调儿童发起的活动，其目的是支持儿童持续的兴趣和投入，这是积极学习品质的两个重要方面。同时，教师发起的活动和互动不仅能够支持儿童关键概念和技能的发展，而且有助于提升儿童对活动的注意力和坚持性。

（三）心智工具

心智工具（Tools of the Mind）是本部分所有讨论内容中最新的一个综合性课程（Bodrova & Leong, 2007），是将苏联教育发展心理学家维果斯基（Lev Vygotsky, 1978）的理论付诸实践的一个课程模式。该课程的很多重要思想也都与培养儿童积极学习品质的观点相一致。在幼儿园阶段，该课程的主要目标是自我调节（Self-regulation），这是该年龄段儿童发展的关键成果。"在幼儿园阶段末期，幼儿应该学会管理自己的身体行为、情感行为以及一些认知行为。"（Bodrova & Leong, 2007, p.127）幼儿园可以设计不同的活动和"媒介"以支持儿童自我调节能力的发展。由于假想游戏（make-believe play）具有帮助儿童发展认知能力和社会能力的核心作用，所以它是幼儿园心智工具课程的核心活动。在每一个正式的假想游戏开始前，儿童参与"游戏计划"过程，使用绘画和教师帮助修饰过的文字来表达自己的想法，说明他们要扮演什么、和谁一起玩，这些活动有助于发展儿童的自我调节能力。在游戏期间，教师帮助儿童深度参与游戏，帮助他们坚持落实关于假想游戏的想法，并进行阐述。

自我调节能力的发展包括对身体的、情感的、行为的调节，这一能力的发展为以后的动机发展奠定了基础。心智课程模型描述了这一能力在小学低年级阶段的发展。小学课程强调清晰、明确的儿童表现标准，同时借助有用的"媒介"和教师的支架作为补充。求知欲或"探究欲"是小学阶段的另一重要成果。虽然不同于内在动机的概念，但它们非常相似、同等重要（Bodrova & Leong, 2007）。心智工具课程强调环境、学习任务和教师行为，都是为了培养儿童的求知欲。

（四）创造性课程

作为教学策略模型（Teaching Strategies）（Dodge, Colker, & Heroman, 2002）的进一步发展，创造性课程（The Creative Curriculum）的目标是促进儿童一系列素质的综合发展。学习品质概念下的几个要素，例如坚持性、好奇心、灵活性，都包含在该课程所强调和评价的成果中。这些评估结果将被用于基于对儿童强项和弱项了解的连续性课程计划中。

该课程强调儿童在教室内对兴趣区的选择，如积木区、艺术区、戏剧表演区和阅读区。"兴趣区"这一术语的使用表明，课程是建立在儿童的探索动机和学习兴趣基础上的。课程还强调创设班级共同体（classroom community）（Dodge & Bickat, 2002），正如我们在第 5 章中看到的，共同体对儿童的学习热情和投入是一个潜在的支持。创造性课程的主要目标是教会儿童如何学习，教师通过参与到儿童的个体活动和小组活动中给予其支持。

（五）方案教学[1]

"方案可以是教育性的，也可以是娱乐性的。"——特维斯（Travis）

（Diffily & Sassman, 2002, p.1）

方案教学（The Project Approach）是对某一主题的深度研究。各级教育项目都在使用方案学习或"应用学习"（Diffily & Sassman, 2002）。这种从幼儿园到小学低年级阶段都可使用的高效的早期教育方法（Chard, 1998; Helm & Katz, 2001; Katz & Chard, 2000）是由凯茨和她的同事们提出的。

在方案学习中，儿童们一起调查对其生活有意义的问题。他们对自己想探究的问题进行界定，用发展适宜性的方法跟踪信息，通过展示或其他归档形式来与别人分享学习。参与开发和已使用过这一课程模式的人士指出，儿童对内容的理解更加深刻，发展了更好的问题解决能力和研究能力。

此外，方案教学的研发者认为，方案教学有许多与学习品质要素一致的优点。例如，方案教学增加了儿童的自我指导，提升了儿童的学习动机。儿童在参与延伸的、有意义的方案工作时，积极学习品质（Katz, 1993, 1995）可能会提升。学习兴趣和快乐很可能会因为班级所选择的调查主题而被激发。因为方案随着时间而发展，这就要求儿童随时保持注意力，并且有时要在有挑战性的任务中坚持下来。

（六）年轻的科学家系列

前面讲到的五个课程模式都是关于儿童学习和发展的多个领域的综合。然而，越来越多的幼儿园、学区或州政府开始寻找某一领域中特定主题的、内容具体的课程，如阅读课程、数学课程、科学课程。有时候，综合性课程是这些课程的补充；也有时候，这一系列内容具体的课程被用来代替综合性课程。

---

[1] The Project Approach 一词有两种译法：方案教学和项目教学，二者含义完全相同。——译者注

　　能将许多学习品质合并在一起并且内容具体的课程是年轻的科学家课程（Young Scientist Curriculum）（Chalufour & Worth, 2003, 2004, 2005）。这一系列的课程获得了美国国家科学基金会（National Science Foundation）的支持，课程为 3—5 岁儿童设计，包含三个领域的课程指导：发现大自然、建构楼房、水的探索。无论是哪个主题，该课程中列出的教学计划总是分为三个阶段：开始时的"**参与**"——在小组集体时间内，教师引发儿童对即将提供的材料产生兴趣。然后每天有相当多的时间，大约一个小时，儿童用来"**探索**"材料。在这段时间内，教师帮助儿童解决问题，集中注意，完成困难的任务（如使用一个瓢把水舀进舀出）。儿童在这些开放的探索中发展兴趣，然后对诸如水滴等现象进行集中探索。在最后一个阶段，教师可以"**延伸**"儿童的探索到其他相关的课程内容中。用学习品质的术语来讲，该课程在强化儿童学习品质的同时，帮助儿童建构对科学现象的理解。该课程强调"科学特质"，包括好奇心，渴望探索，观点开放（在学习品质的术语中是灵活性），乐于成为建设者、探索者、发现者。这些特质是美国国家科学教师协会（National Science Teachers Association）标准的一部分。

（七）进一步观察

　　无论教师是否正在使用以上某种课程模式，或是正在考虑采用某一个，你都需要超越这些简短的分析来认识课程的总体价值，以及这些课程对儿童热情和投入的特别关注。本章列出的参考资料和网址链接会提供给你关于这六种课程模式的更多资讯。但是，一定要记住，没有一种课程模式是只关注学习品质的。无论你考虑用什么课程，表 6.2 中提供的检核表都会帮助你进行分析，做出判断。

◆ **表 6.2　基本要点：对强调学习品质的课程的回顾**

◆ **总体质量**。首先，参考 NAEYC & NAECS/SDE（2003）立场文件中提出的标准，以及弗雷德和阿克曼（Frede & Ackereman,2007）在指导中提出的建议，回顾一下对课程的总体描述。总的来说，这些课程是如何体现这些标准的？

续表

表6.2 基本要点：对强调学习品质的课程的回顾

◆ **目标**。接下来，回顾课程的目标、儿童的发展成就。这些内容中是否包含了与提升儿童积极性、主动性相关的目标？

◆ **具体的学习品质内容**。阅读一些有关课程的更为详细的描述、课程内容和活动的预期结果。你在何种程度上看到了与学习品质相关的术语？课程开发者是否讲到活动如何促进儿童的"兴趣""参与""计划""自我调节""动机"或其他同类内容？

◆ **促进儿童对学习的热情和投入的活动**。更多关注作为课程一部分的活动或经验案例。即使在课程中找不到描述具体学习品质的术语，也可以考察一下这些活动或经验是否提升了儿童的热情和投入？或者，与之相反，课程是否看起来降低了儿童的这些品质？（你可以再回顾一下第3、第4章）

◆ **总结等级**。用等级指标来总结你对课程的认识，用类似下面这些总结性指标来看看课程是否可以支持儿童的积极学习品质。

课程是

☐ 非常可能支持儿童对学习的热情和投入。

☐ 有可能支持儿童对学习的热情和投入，偶尔会有补充或调整。

☐ 一定程度上能够支持儿童对学习的热情和投入，但会需要较多的补充和调整。

☐ 不太可能支持儿童对学习的热情和投入。

三、工具 2：调整课程

理想的情况下，学前教育工作者可以影响幼儿园所采用的课程。如先前提到的，塞丽娜任教于一所历史悠久的幼儿园，园长和教师不仅选择了课程，而且也会随着时间调整他们的课程。然而，课程通常是由更高级别的管理者批准的，在执行过程中，教师和园长几乎没有什么话语权（第10章提供了一些让教师、园长增强其影响力的方法）。因为这样的规定，在使用课程时，教师可能并不会强调儿童的热情和投入。虽说最好是课程一开始使用时就已经非常强调学习品质，但几乎没有几种课程可以做到高效地促进儿童对学习的热情和投入。

表 6.3 提供了一些建议，帮助教师学习调整已有的、计划好的课程，提高对儿童学习品质要素的重视。

◈ 表 6.3　基本要点：调整课程，使其能更好地促进儿童对学习的热情和投入

在任何一种学前教育课程中，都可以加强儿童对学习的热情和投入维度的一些要素，即使是并不关注学习品质的课程也不例外。下面列举一些方法。

◆ **兴趣。** 有时候，课程只是通过一般性的、非情景性的例子来传授技能，如用那些对儿童没有任何意义的图片进行讲授。为了增加兴趣，同样的内容可以用更有趣的例子来教，用对儿童个体或群体来说熟悉的、直观的物体（如配好对的印刷文字）来教。

◆ **学习动机。** 一些课程指南强调，当儿童完成了所要求的活动时，要奖励他们贴纸或提供其他奖赏。研究表明，这种"激励"事实上会降低学习动机。教师可以考虑不用奖励，而在活动的呈现方式上给儿童更多选择，强调在游戏中掌握本领的目标。这样（假设活动是有内在吸引力的），很可能就不需要外部奖励来激励儿童参与活动。

◆ **坚持性。** 有些课程由一系列短小的、彼此割裂的活动组成，这些活动并不鼓励儿童坚持和专心努力的工作。在一段时间后，教师可以考虑将活动进行拓展，或者将活动与小主题相联系。例如，数学课程中的一组数数活动可以和班级的一周活动——"家庭之夜"相联系，让儿童数椅子、杯子、餐巾纸，或请儿童做一张表，列出将要出席的家人，如妈妈、爸爸、爷爷、奶奶或其他人。

◆ **自我调节。** 有些课程中，教师完全掌控一切；还有一些极端的课程，教师特别开放，以至于儿童没有学习任何规则，不能控制自己的运动、情感或思考过程。如果一门音乐课程只是鼓励儿童按照自己想要的方式跟着音乐律动，那么，有时候，这些活动可以变化一下，以便儿童能对具体的指令（对教师或者对另一个儿童）做出回应，如模仿另一个儿童的动作，或者当音乐戛然而止的时候身体马上僵住。

（一）年龄适宜性调整

举个例子来说明一下在调整课程以使其比原先的设计更符合儿童年龄特征时所面对的挑战与机遇。在一个双语幼儿园中，教师卡米尔和艾琳娜要上一节数学课，而这节课本来是用在学前班和小学一年级的，而非针对四岁儿童的（缺乏双语材料使得教师们不得不采用这个课程，而在一个多数儿童说西班牙语的班级上几乎很少用到这一课程）。这节课原先是通过集体教学和小组教学混合的方式来完成的，集体教学的目的是让教师有时间介绍关键概念，展示材料的使用方法。卡米尔和艾琳娜发现，在课堂集体时间，很快，四岁儿童的注意力就不能集中了，对课程内容不感兴趣并且不参与互动。

为了促进儿童积极的学习品质，也为了加强儿童学习概念的能力，教师们对课程进行了改进，有时候不进行集体教学指导，就很快进入小组教学环节，并将一些课程内容放在教师已提供了材料的活动中。结果，儿童表现出更大的热情，玩材料时更能坚持，并勇于挑战有困难的任务。

表 6.4 将引导教师尝试亲自修改一个其他领域的课程活动，一个简单的艺术主题，以尽力让儿童提升对学习的热情和投入。

◈ 表 6.4　改善每一天：调整课程以促进积极学习品质的提升

为了进一步发展教师最大化地利用所有课程的能力，请你首先阅读下面这个为四岁儿童艺术活动所做的小计划，然后思考下面的问题。

◆ **做纸工**

材料准备

- 图画纸若干，各种颜料
- 剪好的几何形状的彩纸，也可由教师用有颜色的图画纸来剪
- 剪刀
- 胶水

教师将

- 把材料从别处拿出来放进桌上的容器中
- 让区域整洁，擦拭干净洒在区域内的东西
- 提醒儿童注意安全使用剪刀
- 将已完成的彩色纸张挂起并晾干

儿童将

- 选择剪好的几何图形
- 按照自己所选的模式，将几何图形粘在纸上

◆ **改善这个活动**

为了提升积极学习品质，教师需要在这个艺术活动中进行哪些补充或调整呢？作为学前课

续表

◆ **表 6.4　改善每一天：调整课程以促进积极学习品质的提升**

程的一部分，这个活动有什么优势？哪里还有待改善？尤其是，这个活动可以改编得更加关注热情和投入的要素吗？你可能会怎样改编这个活动？

* 给儿童创设机会以调动更强的学习动机？
* 鼓励儿童坚持？
* 发展儿童灵活解决问题的能力？
* 加强这些来自不同文化、语言或能力水平的儿童的积极学习品质？

（你可以回顾一下第 3 章的内容，看看哪些因素有可能支持学习品质的不同要素。）

（二）多元适宜性调整

目前推荐的这些原则和标准有助于保证课程适宜于来自不同文化、不同语言的儿童，同样也适合那些身体有残疾或发展滞后的儿童。然而，幼儿园自身仍需要进一步调整课程，或者在课程内部调整一些活动，以便所有的儿童最终都可以发展积极学习品质。

这里，我再举几个例子来进行说明。幼儿园教师爱德华正在上一节科学课，这节课看上去可以调动班上大部分儿童的兴趣和参与性。这个"水"单元包括了让儿童把水管收到一起，以小组方式在大段时间内一起进行探索。然而，爱德华注意到，孤独症患儿哈利不能在其他儿童在场时专心地参与活动。因此，他为哈利提供了一个单独的水容器，这样他就有了自己的一套材料，并且非常靠近其他儿童，这样他们可以彼此看到，也可以互相交流自己正在做的事情。

文化适应也会促进课程中儿童更深地投入。例如，小林所在幼儿园的课程包含每个儿童独立做计划的时间，他们可以计划自己在早晨自选游戏时间做什么，如莎拉选择积木，哈利德选择拼图，等等。如果课程调整为允许儿童集体做计划而不是个人计划，那么，处于强调集体计划和集体决策文化中的儿童会更加具有责任感。

四、工具3：以学习品质为目标的课程

到目前为止，我们探讨过如何选择或调整已有的课程，以确保对儿童学习的热情和投入的充分重视。但是，还有别的方法吗？是否可以采用一个专门开发的、增进儿童积极学习品质的、独特的课程？这样的课程有价值吗？

就像我们已经讲过的和其他研究者所认识到的那样，学习品质是入学准备的重要领域，并且这些品质是学前教育课程想要获得的特征，所以很可能，我们将看到一些促进学习品质要素发展的理想课程，这些要素包括兴趣、快乐、学习动机、专注、坚持、灵活性和自我调节。有些课程或许只是有助于一两种学习品质要素的发展，还有些课程可能覆盖更广泛的要素。无论是哪种具体要素，考虑到未来的应用，关键的一点是要记住潜在的有利之处和不利之处。

使用专门聚焦学习品质课程的一个有利之处是，它可以更加直接关注儿童的学习品质。此外，如果这一课程已经被那些正考虑采用的幼儿园验证过了，那么，很可能会产生积极的结果。如果课程有很多额外的支持，如使用材料和教师专业发展培训等，这样的课程会很受大家的欢迎。然而，这样的课程不能与教室中正在进行的活动割裂，否则就是无效的。换句话说，即使教师一周两次在集体时间使用学习品质课程，但如果幼儿园其他活动真的与这一特殊课程所强调的行为相矛盾或抵触，那么，儿童就不可能从中获益。教师也会视这一附加课程为累赘，而不是助力，因此课程推动需要确保员工买账，并且对变革拥有"主人翁"意识。

现在，专门的学习品质课程还没有被研发出来，但是有一个非常有前景的课程模式不久就会被使用。基于证据的综合课程项目（Evidence-based Program for Intergrated Curricula，简称EPIC）正在提前开端和其他幼儿园项目中使用和评估，并获得了美国联邦入学准备跨部门启动项目（Interagency School Readiness Initiative）的支持。综合课程项目将学习品质技能的有目的教学与阅读教学、数学教学相结合。在创设这一课程时，早期教育工作者和研究者组成的团队开发了四个完整的课程模块，每一个模块都包含以下四个重要的学习行为：控制注意、容忍挫折、小组学习和任务达成。每个课程模块都是为了给儿童提供多种多样的学习机会，锻炼和增加积极学习行为，运用这些品质培养儿童阅读和数学学习技能。使用这种方法时，这些基础性的技能是作为"学习链条"存在的。该课程也强调与家庭的合作，像在学校一样，在家庭中也要促进儿童的积极学习行为。

五、回顾与展望

本章强调了为什么需要高质量的课程。本研究并没有说明某种课程模式比其他课程模式更优秀，但我们在一些关键特征上达成了一致。当教育管理者、园长和政府机构考虑采用哪种课程时，当教师在一日活动中选用课程内容时，首先应该想到学习品质，就像我们在塞丽娜班级上看到的那样。在本章，我提出了一些工具，可以用来分析课程在支持儿童对学习的热情和投入方面的潜力。第 7 章将详细阐释教学方法和师幼互动的相关内容，这些都能帮助儿童发展更强烈的热情和投入。

 思考、讨论与行动

1. 教师独自或是与同事一起，分析一个你园正在使用或将要使用的课程中的学习品质。使用本章提出的指标，在儿童发展和入学准备方面，你发现了该课程的哪些优势？

2. 同样，你可以仔细观察一个幼儿园正在使用的课程（可以是总体的 / 综合的课程，也可以是某个内容领域的课程）。在这个课程中，活动目标或计划该如何调整，以创设更多机会来加强儿童对学习的热情和投入？

3. 做完分析后，尽可能尝试做一些调整。或许可以参考第 8 章内容，在你进行调整之后，使用一些观察和记录来看看儿童对学习的热情和投入是否有所增加。如果没有，还需要做什么呢？

4. 专心观察一两个处于多元文化、使用多元语言的儿童，或是有残疾的儿童，对幼儿园的课程进行设计和额外的调整，以便这些儿童的学习品质可以获得提升。再强调一下，你评估结果是关键。

5. 考虑一下，你会如何向决策制定者报告，以说服他们在课程评价时密切关注儿童的学习品质？假设这个人不是学前教育或儿童发展方面的专家，你会如何举例说明呢？

第7章

提升积极学习品质的
教学方法工具

在一所使用心智工具课程的幼儿园，孩子们正在进行阅读和写作课（Bodrova & Leong, 2007；参见第6章）。多数儿童三四个人一组，围坐在桌子边，玩他们的毛毛虫画册（毛毛虫和蝴蝶是班级正在进行的主题）。其他儿童分组坐在地板上，阅读并听故事磁带《很饿很饿的毛毛虫》（Carle, 1969）。听完故事后，他们准备在画册上画画。

幼儿园教师爱丽丝在教室周围走动，偶尔停下来和儿童谈话。伦尼给她看自己画的蝴蝶，爱丽丝欣赏地看了看这幅画，说道："伦尼，这真是一只美丽的蝴蝶。但是，咱们来想一想，你在听磁带时，它里面说你听完故事要画什么？我想知道，除了蝴蝶你还会画什么？"伦尼和爱丽丝都笑了，伦尼想了想，又回去工作了。

孩子们围着桌子，在毛毛虫画册上写字和画画，同时彼此交谈着。"你是怎样做的？"爱丽丝在一张桌子边停下来问道。乔茜汇报说："我用句子做的"。爱丽丝说："那么，你的页面顶端缺少了什么？""哦，我的名字！"乔茜说着就把名字加在了上面。

在阅读和写作时间结束时，孩子们伴着熟悉的音乐开始整理，然后去吃早餐，还有一些生动的对话。当儿童们聚集到一起开班会时，有几个还没有吃完点心，在爱丽丝提醒之后，他们马上加快了速度："朋友们，咱们走，你要错过整首歌了。"（孩子们都非常喜欢带拍手动作和一些肢体语言的毛毛虫歌曲）

听完歌曲之后，爱丽丝把儿童引导到讨论之中：目前为止，大家对毛毛虫有多少了解？虽然班级很大，但儿童们安静而专注，他们倾听同伴们的想法，看着爱丽丝把这些想法写在表格上。爱丽丝几次对孩子们的观点进行了回应，说道："这真是有关毛毛虫的一个有趣的事情。我想了解更多信息，或许明天我可以找一本新书来，和你们大家分享。"

在第6章，我们讨论了一些分析、选择或运用课程的标准，这些标准可以用来提升积极学习品质。但是，就像在开篇小故事中看到的，无论什么样的课程、环境和教学方法，或多或少都可以帮助儿童在学习中变得更加热情和投入（见表7.1研究证据）。

本章介绍了两个重要工具：**高质量的环境**，包括物理环境、工作流程和分组；**高质量的教学方法**，包括教师在以下方面的努力——培养积极学习品质、专注于学习目标和任务的达成、提供教学支架和详细说明、提供给儿童一些有价值和有挑战的活动机会。

在介绍了这些基本工具之后，我要讨论一些情境，包括一些挑战性行为会阻碍儿童的学习热情和投入的情境，以及使幼儿变得沮丧或注意力不集中的情境，这些情境需要使用更有目的的策略。

本章目标

阅读完本章后，你将能够更好地：

1. 根据支持幼儿积极学习品质发展的证据，证实并实施某种早期教育环境和教学方法。

2. 运用知识来识别和阻止那些有挑战的、对积极学习品质发展不利的行为。

3. 调整并应用教学方法来支持那些已经表现出沮丧或注意力涣散的儿童，发展其更强的对学习的热情和投入。

◈ 表7.1　关于环境和教学策略如何促进儿童对学习的热情与投入的研究提示

◆ 强调学习目标的教师，或者是那些更倾向于让儿童掌握学习目标（mastery/learning goals）而非成绩的教师，其班上的儿童身上更可能表现出学习目标（Midgley, 2002; Wigfield & Eccles, 2002）。

◆ 一开始便花时间建立清晰的流程和程序的教师会让儿童在以后的学习任务中变得更加主动（Bohn, Roehrig, & Pressly, 2004）。

◆ 如果以小组方式组织幼儿，教师通常会更为投入（Rimm-Kaufman et al., 2005）。当然，如果教室环境质量总体向好，即使在集体活动中，幼儿也会很投入。

◆ 有关基础教育（K-12）中儿童学习的研究（Brophy, 2004）表明，班级人数少，儿童在教室中一般表现较好，并且成就较高。

◆ 研究者（de Kruif et al., 2000）发现，在控制程度特别高的教师的班级上，儿童积极参与学习活动的比例较低。这些"高控"的教师花很多时间来试图阻止儿童的不当行为，他们很少给这些表现"不良的"儿童提供新的活动，也很少认识到儿童的努力。

◆ 有关高中生的研究（National Research Council, 2003）表明，在某个班级中非常不投入的孩子有可能在另一位教师的课堂上非常投入。这些研究表明，投入度不是"存在于"儿童身上的一个特征，而是可能因为班级环境和教师特点而得以提升或降低的。

一、工具 1：高质量的环境

幼儿园环境的很多方面可以支持儿童对学习的热情和投入。下面提供三个方面的例子：空间环境应如何组织；教师应如何建立班级常规和规则；如何对儿童进行分组。

（一）设置空间环境

有人认为，幼儿园的空间环境能向儿童传递如下信息：什么是重要的，他们该做什么，他们该如何做（Kritckevsky, Prescott, & Walling, 1977）。虽然从表面上看，不同课程模式有明显不同的空间环境，但幼儿园高质量的环境还是有许多共同的特点。这些环境具有如下功能。

◆ 传递出欢迎儿童的情感氛围；
◆ 提供线索，告诉儿童每个教室区域能做什么；
◆ 提供不同的空间让儿童专心做事，让他们体验生动的班级互动、精彩的身体游戏（Curtis & Carter, 2003; Greenman, 1987, 2005; Kritchevsky et al., 1977）。

在开篇小故事中提到的爱丽丝的幼儿园，参观者可以找到所有这些特征。尤其要说的是，他们为儿童提供的空间线索：幼儿的名字写在了椅子背后的塑料牌上（以便他们可以随意移动椅子）；椅子背后的"座位袋"里有儿童需要的各种物品；手写或绘制的标签被用于标记不同区域，以便于儿童识别。而且，集合区域（gathering spaces）是事先规划好的、开放的；阅读区中有舒适的落地式椅子，全班聚集的地毯区非常大，大到儿童可以玩自己喜欢的运动游戏。

我们很容易就能看出环境是如何为发展儿童的积极学习品质提供支持的。例如，可以考察空间环境是否能够鼓励儿童表达和探索自己的兴趣，儿童是否可以通过改变环境中的陈列来记录这些兴趣。人们称赞瑞吉欧项目拥有美学意义上的漂亮环境，里面包含了很多显示儿童探究兴趣的艺术作品（Gandini, Hill, Cadwell, & Schwall, 2005）。例如，有一个主题活动是儿童受到学校花园里蝴蝶的启发而开展的，进行了一段时间后，教师将儿童鲜艳的绘画、模型、其他艺术作品等陈列出来，使得儿童和家长都可以欣赏、思考与回忆。

同样，空间环境也可以提升，或者不幸地降低儿童的专注力和坚持性。这对幼儿来说是一个问题，尤其是那些身体残疾或发展滞后的幼儿，他们更难专心。在爱丽丝的幼儿园里，有一个名叫阿里夫的自闭症患儿。虽然阿里夫对社会交往不知所措，但是他依然很爱展示自己的阅读能力。爱丽丝在"造句子"展示区设立了一个安静角（在这儿，儿童可以用卡片来造"笨句子"），在这里，阿里夫可以专心致志地进行活动，并与另外几个孩子互动，这几个孩子被他的特长所吸引。这种简单的环境改变可以为增强全纳环境中有特殊需要儿童的参与度和成就感提供基础（Sandall & Schwartz, 2002）。

当所创设的环境可以帮助儿童独立地选择游戏、拿取材料、合理使用空间、放回材料时，环境则有助于儿童的自我约束。多数幼儿园都很重视发展儿童的独立性和自我调节能力。有些课程，如蒙台梭利课程、心智工具课程，非常重视将空间环境作为儿童自我调节能力发展的工具。爱丽丝的班级是一个很好的例证。她指出，与去年相比（去年，儿童总是向她要材料），今年的环境使得儿童更容易找到自己所需要的材料，如拿出书本阅读，将记录板放回正确的地方等。

（二）建立秩序和常规

如表 7.1 列出的内容所言，教师如果建立了清晰的规则，在学年开始时创设了有秩序的环境，儿童会更加专注、坚持和自我约束。独立的教室结构可以让儿童自由从事自己的活动，不必担心随意的干扰或常规的突然改变。心智工具课程的教师培训手册要求教师在学年开始时花费大量时间建立常规。爱丽丝现在已经看到了回报，即使是一位替班教师上课，儿童也会继续保持常规，他们提醒这位教师："我们总是用一首歌曲和'冻结游戏'来开始集体活动。"

无论儿童学习的是什么，无论儿童是在体验艺术、戏剧表演，还是在进行新主题或是科学探索活动，让儿童有足够的时间进行充分地参与也很重要。儿童长大一些后，这类活动不仅可以在更长的时间范围内进行扩展，而且只要日程安排予以支持，这类活动可以经历几天或几周。因为爱丽丝所在幼儿园的项目非常重视儿童在假想游戏中的深度参与，所以，她班上的日程安排中有一个较长的时间段，供儿童设计、改编、再重新改编阅读过的故事。

（三）最大限度地利用小组时间

与集体活动相比，通常儿童在小组中学习效果更好。所以毫不奇怪，许多学前教育课程和项目实践指南推荐教师使用有目的、可扩展的小组活动。

根据课程特点的不同，儿童发展和教育需要的不同，小组时间可以采取多种形式（Graves, 1997）。有些课程（如高瞻课程、心智工具课程）强调将计划好的、教师能提供帮助的小组活动作为每日流程中的正式组成部分。

为什么小组活动对于各年龄段的人看起来都更加有效呢？当人们处于小组中时，每个人都有机会贡献自己的想法，同时听取别人的想法，这样儿童可以更好地加工信息，注意力更加集中，也更加专注，参与性更强（Marzano, 2007）。即使不说话的孩子也会在小组中观察到别人的工作，从同伴中吸取到点子。研究发现，如果有较少儿童在现场，教师更容易为儿童提供支架，儿童也更容易约束自己的情感和行为。小组中的人际关系得到了强化：教师发现，在小组中更容易了解儿童，根据观察所做的互动更加个性化，反馈也更加具有针对性。

如果教师逐步落实小组工作，那么即使教师不在场，儿童也可以高效地参与小组活动。像爱丽丝所在幼儿园那样的心智工具课程，我们经常看到儿童之间进行小组合作学习，彼此相互帮助做"学伴"；或是坚持独立完成工作，偶尔获得其他组成员的帮助。同样，在瑞吉欧项目中，没有教师指导，儿童也经常进行各种同伴讨论，例如，决定如何推进项目工作的一些方面（Project Zero & Reggio Children，2001）。

所有这些小组工作的变化都需要认真的思考与设计。表 7.2 提供了关于如何开始小组工作的一些建议。

◆ 表 7.2　基本要点：最大限度地利用有教师支持的小组时间

小组时间提供了很多提升儿童学习品质的机会，这些品质包括：儿童的兴趣、快乐，学习动机，专注，坚持，灵活性和自我调节。然而，还没有习惯使用小组活动的教师或许需要一些支持，以便在课堂安排中制订最好的时间规划。

◆ 考虑方向性 ——无论是让所有儿童同时分小组活动，教师在其中巡视，或者在其他儿童参与有价值的、不需监管的独立活动时，教师与一个小组深入地活动，教师都需要考虑人手问题：是否有志愿者可以来班级里提供帮助？

◆ 在头脑中，对小组活动时间有清晰的目标：强调对学习的热情和投入，并且将其他与课程成果、标准相关的目标融合进来。

◆ 慢慢开始（使用简单材料的短暂小组活动时间）。

◆ 没有必要每天都在小组活动时间翻新花样。有时候回顾熟悉的游戏材料（"我们还可以用这些乐高建什么？"）可以帮助儿童更高水平地参与，灵活地、创造性地使用材料。

◆ 帮助儿童通过重复练习和使用名卡提示等学习小组规则。

◆ 坐在一个不专心的、气馁的儿童身边，提供身体、语言、情感上的支持，帮助其成功。如果有必要，让儿童轮流当领导者。

◆ 鼓励儿童彼此帮助，以增加他们在活动中的兴趣、快乐和动机。

◆ 选择符合儿童兴趣的材料，这些材料可以根据兴趣、能力和文化的不同而有多种使用方式。

◆ 教师直接与一个小组一起工作时，要优先培养每个儿童的高水平参与（这比在集体中更加容易）。教师要看到、谈到、记住、肯定每个儿童的贡献。

◆ 如果儿童身体有残疾，教师要特别注意，让每个儿童都有意义地参与活动。或者是在必要时，提前将材料和活动程序做一些调整，也可以在活动中当观察到有需要时及时进行调整。

二、工具2：具体的教学方法

无论是与婴儿、学步儿、幼儿，或是与学龄前—小学低年级儿童一起工作，无论是在哪种环境中，学前教育工作者都有很多机会来培养儿童的积极学习品质。这一部分将描述和列举四种方法来培养儿童的学习品质，这四种方法是：示范积极的学习品质；强调学习目标；支持和提升儿童的想法与行动；提供有意义的、有挑战性的选择。这些不是一般的方法，通常是在高质量的早期教育中使用的，如果教师有目的地采用它们，将极有可能提升儿童对学习的热情和投入。

（一）示范积极的学习品质

在幼儿园工作的教师和其他人员，可以通过示范他们希望儿童拥有的态度和行为，对儿童的情感和行为产生极强的影响力。

这样做的时机在哪里？有时候，它或许就在介绍新主题或游戏活动的班级会议中（如第5章所讲）。还有其他非正式的场合可以进行示范，例如，爱丽丝非常着迷地观察送到幼儿园教室中的毛毛虫，儿童看到了她的好奇，他们也会感受到爱丽丝在等待毛毛虫爬出盒子边时的耐心。因为与爱丽丝的亲密关系，儿童很可能也出现这些行为表现。

教师关注某个儿童或一群儿童所做的工作时，也会示范出积极的学习品质。爱丽丝单独对爱德华多说："爱德华多，我知道你想给我看看你正在做的事情。现在，我有时间看你怎样用放大镜来观察毛毛虫。我坐下来，观察你怎么做，好不好？"

（二）强调学习目标和成就

为什么儿童想参与某些任务？他们可能是为了：（1）在享受任务、付出努力和满足学习愿望的同时，获得成就或学习本领（**学习目标**）；（2）取得良好的表现以获得赞扬和认可，避免让自己看上去愚笨（**表现目标**）（Dweck，2000；Wigfield & Eccles, 2002）。但是儿童的行为倾向并不是生来以学习目标或表现目标为导向的，而是家庭和学校影响的结果。为了支持儿童的积极学习品质——包括学习动机，教师需要帮助儿童更加专注于学习目标。

爱丽丝所在幼儿园的儿童看上去非常乐意参与本班的毛毛虫主题。在介绍这个主题时，在和孩子们进行日常讨论时，爱丽丝有意识地强调学习目标。学习目标鼓励儿童参与活动，因为他们对毛毛虫住在哪里、吃什么、怎样变蝴蝶非常好奇，因为他们想变得更能干，愿意完成任务，如做个画册，给低年级儿童在墙上欣赏。因为爱丽丝强调了这个主题中的学习目标，所以整个学年中，儿童看上去都在自愿学习，不是为了想完成这十个主题活动，获得表格上的十颗星，而是他们有掌握重要技能（如使用放大镜或在记录本里写下观察日记）的兴趣，有学习新事物、挑战新事物的满足感。

（三）描述儿童的想法与行为，并提供支架

当教师描述儿童的言行，并给予支持时，就是在帮助儿童获得更高的学习成就和提升积极学习品质。一系列有关投入度（de Kruif et al., 2000; McWilliam, Scarborough, & Kim, 2003）的研究显示，最投入的是那些在教室中与研究者所说的"能够详细说明"的教师待在一起的儿童。这些教师经常能够拓展儿童已经在做的事情，赞扬儿童的工作，发现在参与新活动时不够主动的儿童。有趣的是（与第 5 章的人际关系内容相联系），同样是这些教师，在与儿童的互动中，情感上的互动质量特别高。

爱丽丝在幼儿园的所作所为就是典型的例子。例如，在爱德华多安静地使用放大镜的时候，她参与其中，提供了一种同伴游戏（play-by-play）式的陪伴："哦，我看到一只毛毛虫又爬上了树叶。你也看到了吗？我很好奇，如果你把放大镜再靠近一些会发现什么。你现在看得更清楚了吗？"爱德华多微笑、点头，用动作说明他的行为与爱丽丝所提供方法的联系，并用动作回应了爱丽丝的帮忙。

爱丽丝通过提供支架，并将其作为一个有力的工具，来促进儿童的学

习动机和自我调节能力。通过在活动的开头部分提供儿童获取成功所需要的帮助（例如，帮助儿童数一组物品，帮儿童完成部分拼图），教师或其他成人可为儿童提供支架或支持儿童的工作。当儿童可以独立完成任务时，成人就可以慢慢撤掉支架帮助。

受维果斯基影响的心智工具课程帮助教师有目的地进行思考：如何为儿童提供他们所需要的支架？何时、为什么要提供支架？在学年的不同时间，对于有不同学习需要或风格的儿童，要提供哪些不同类别的活动？有时候，爱丽丝只出现在需要帮助儿童专心和坚持完成工作的小组。爱丽丝也可能坐在桌边，帮助儿童学习，帮助儿童完成一个有可能成功的、有挑战性的任务。提供帮助的目的不仅是为了让儿童创造成就，也为了支持儿童的持续学习，最后让儿童获得成功。

在提供支架的过程中，简单的"中介物"很有帮助。在爱丽丝班上，这类中介物多是物品（例如，儿童倾听《好饿好饿的毛毛虫》故事磁带，这让他们的脑海里出现了相关图像，使得他们可以画画，或写下相关问题的答案）。如果几对儿童在做"分享周末新闻"的游戏，他们会用纸板做的耳朵和嘴唇来提醒自己，该谁上场讲了，谁是听众——这可以鼓励儿童的自我调节、专注和坚持。当儿童掌握和内化了倾听的技能以及依次轮流的技能，这些具体的中介物就可以拿走了。

虽然这些例子取自幼儿园课程，但是在不同的课程模式中，对于不同年龄、文化和经验的儿童，有些普遍的策略可以通用。为了让儿童更加深入地、积极地参与学习活动，儿童唯一需要的就是一位细心的教师给予的现场支持，这种支持给了儿童足够的帮助和鼓励，使他们的学习继续向前。

（四）提供有意义的、有挑战性的选择

虽然爱丽丝所在的幼儿园课堂组织良好，结构清晰，但儿童仍有很多选择，儿童在这种环境中收获丰厚。从幼儿早期到成年甚至在以后的学习中，如果有很多选择，可以自己决定学什么、怎么学，学习者很可能有更强烈的学习热情，更加投入（Brophy, 2004; Kohn, 1993）。

这并不意味着任何东西都可以成为一个选择，或者任何过时的选择都

可以提供给儿童。但是，既然已了解了多种选择在支持儿童积极学习品质方面的作用，那么早期教育工作者就可以开始思考如何增加可提供的选择的数量和质量。

如果每个儿童都必须同时以同样的步调做同样的事情——尤其是对那些以不同方式、不同步调学习的儿童，那么儿童或许会反抗或消极参与。在存在这类问题的教室中，儿童没有太多选择，教师也不会鼓励儿童坚持其所做的选择并深度参与其中。在这样的环境中，儿童从一个高压性的选择转换到另一个选择上，没有进行任何学习，也没有机会变得投入、坚持以及进行自我调节。

要想让选择成为提升儿童积极学习品质的高效工具，那么这些选择必须是有意义的、有挑战的。就像在第 6 章解释的，在心智工具项目中，儿童自己制定每日的"日计划"，他们首先自己决定玩什么，用图画或简单的符号写出计划，然后去假想游戏区玩。在儿童长大一点后（像爱丽丝的幼儿园），计划变得更加高级，时间更长，以个性化的"学习计划"形式呈现，并且这些计划附有很多选择。

三、何时需要更有目的的策略

我们提供的教学方法可以帮助所有儿童建立对学习的热情和投入。然而，针对那些身上出现挑战性行为，或来到幼儿园时已经气馁和退缩的儿童，教师还需要使用一些补充策略。

（一）消除让儿童出现挑衅性行为的障碍

如果儿童（无论是个体还是集体）大部分时间处于冲突、争论、发怒等状态和挑衅性行为中，那么他们几乎没有机会体验和实践热情而投入的学习。事实上，我们看到的是消极的循环：儿童如果是破坏性的，教师便消极回应，结果儿童的破坏升级，并扩展到更多儿童，环境变得越来越不能促进儿童和教师的投入，快乐和学习同时受到损害。

上述我们所提供的许多策略从一开始就会阻止挑衅性行为的产生。但是，环境中仍然会存在一些特别生气或有其他问题的儿童。这些儿童或许有身体残疾，或许在家庭、社区中面临着对抗性的压力。无论如何，这些挑衅性行为需要得到教师特别的关注，以便这些儿童也能感受到对学习的热情和投入。

早期学习社会情感基金中心（Center on the Social and Emotional Foundations for Early Learning，简称 CSEFEL）提供的一些资源可以帮助教师理解这些问题（Http://www.vanderbilt.edu/csefel）。为了帮助教师卓有成效地工作，制止和解释挑衅性的行为，这一中心提出了表 7.3 所呈现的"金字塔模型"（Center on the Social and Emotional Foundations for Early Learning，2008）。人员和政策是支持这些方法落实的最基础性要求。金字塔的地基是与儿童及其家人之间积极的、有回应的关系（第 5 章的核心）。接下来的水平是创设支持所有儿童的环境（本章的核心）。这些会减少或阻止多数儿童的不良行为。到金字塔更上面的层级，教师可以实现具体的社会和情感教学策略。例如，有些儿童或许需要一个私密的角落，以帮助他们坚持工作；还有些儿童或许需要一张图画流程表，以帮助他们搞清楚接下来会做什么，进而让他们保持专心和投入。对那些即使在支持性环境中也一直表现出挑衅行为的少数儿童，需要进行有目的的、密集的干预，包括将其转到特殊服务机构。CSEFEL 的资料和其他一些资料（e.g., Fox, Dunlap, Hemmeter, Joseph, & Strain, 2003; Kaiser & Rasminsky, 2003; Sandall & Schwartz, 2002）可以补充一些这方面的例子。

教师要记住的是：在成人帮助下，所有儿童——包括那些表现出挑战性行为的儿童——的学习都可以变得更加投入，更有动力，并更快乐。记住这一点很重要。

（二）帮助那些沮丧、退缩的儿童

在班级中，有些儿童具有挑战性行为，但或许还有些儿童看上去对他们自己的能力不满意，感到失望。与青少年相比，童年早期较少有儿童表现出特别的失望（National Research Council, 2003）。但即使不多，教师也要足够重视，以帮助他们将消极的情绪扭转过来。

表7.3　支持婴幼儿的社会情感能力金字塔

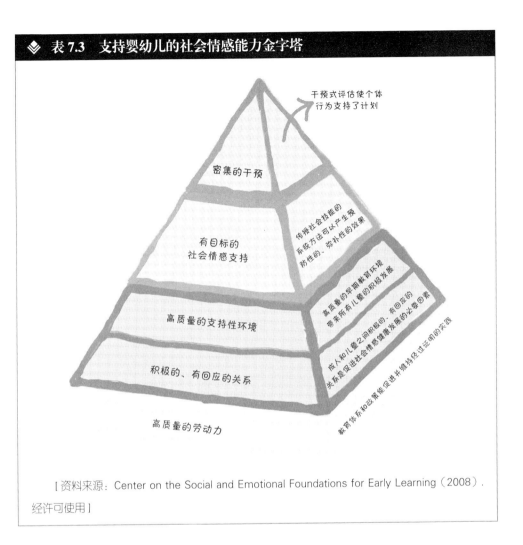

[资料来源：Center on the Social and Emotional Foundations for Early Learning（2008）. 经许可使用]

　　第一步就是要建立或是重塑与这些沮丧的、退缩的儿童的亲密关系。有时候，这些儿童只是不会轻易地去吸引教师的注意，教师可能就会避免与这些最需要亲密关系的儿童互动。每天，有意识地与这些儿童一对一地待一会是必要的。正如在第 5 章中讲到的，每天几分钟也会带来关系的改善。在这段时间内，教师以友好的方式和儿童待在一起，没有任何要求，只是对他们表现出喜欢和兴趣，这可以让教师更加了解儿童。这种"亲密联系"的好时光通常在早晨或是点心时间和午餐时间。随着与教师亲密关系的建立，沮丧、退缩的儿童开始自愿参与活动；教师也可以让他们与别的儿童交往，尤其是与那些在合作中或集体活动中更为积极的儿童交往。教师还可提供一些可以让沮丧的儿童获得成功的活动，这样会帮助他们建立自信，他们将更加自如地解决有潜在挑战性的学习活动。

四、回顾与展望

最近三章分别通过人际关系（第5章）、课程（第6章）、环境和教学策略（第7章），讲述了支持儿童对学习的热情和投入的工具。虽然是在不同章节进行的讨论，但这些领域之间是有关联的，是彼此相互支持的（例如，如果教师与幼儿的关系是消极的，再好的课程也都是无效的）。在第8章，我们将看到评价儿童对学习的热情和投入的方法，这些方法可以引导教师以最好的方式来促进学习品质的根本性发展。

 思考、讨论与行动

1. 在自己的幼儿园或你观察到的一个幼儿园，做一张室内空间环境表和室外空间环境表。记住你所想要提升的儿童投入度方向的目标，你就可以判断出该如何改变空间环境以帮助全班儿童或个别儿童。如果有可能，落实这些改变，观察其效果。

2. 选择一个本章所描述的教学策略（例如，更加关注学习目标），有目的地用这个策略制订一份个人行动计划。你可以用这个新策略或修改后的策略持续记一份个人体验日记。在应用这一策略过程中，什么容易做？什么很困难？一定要给你自己和儿童留出时间来适应这个策略。你看到了什么样的结果？

3. 找一个儿童来进行有目的的干预。因为不间断的挑衅性行为，这或许是个热情度、投入度都在降低的儿童，或者是一个特别沮丧、退缩的儿童。使用本章的一些建议，为这个孩子做一份计划，并逐渐落实，同时记录结果。

第 8 章
评估儿童学习品质的工具

　　玛莎是某市区学校一年级的任课教师，工作刚一年。本周，玛莎和实习教师杰夫准备开展关于"树"的主题课程。放学后，他们对此进行了讨论。在学区课程中，这个主题应该以科学为中心，并要符合州科学标准中的几条内容。然而，玛莎还想通过这个主题课程培养儿童的学习动机、坚持性以及制订和实施计划的能力。

　　在讨论时，玛莎和杰夫对目前为止所观察到的班级儿童学习品质的要素进行了探讨，不仅包括班级里全体儿童的学习品质表现，还包括儿童个体的行为表现。玛莎和杰夫在计划课程方案的同时，也思考着应如何系统地收集和使用以下信息：一年级儿童应学习什么？他们是如何学习的？

连续的、全面的评估是高质量学前教育项目的一个重要特征，它可以增加儿童获得积极成就的可能性（Hyson et al., 2006）。本章首先将对适宜且有效的基本评估原则进行回顾，然后介绍三种评估工具，帮助教育者通过使用评估工具来促进儿童积极学习品质的发展。这三种评估工具为：（1）新的综合评估体系；（2）针对某种学习品质进行评估的具体方法；（3）利用评估结果制订的系统计划。本章最后将提出一些具体建议，以降低评估儿童学习品质潜能的风险，并使评估价值最大化。

◆ **本章目标**

阅读本章后，你将能够更好地：

1. 评估儿童的学习品质时，遵循适宜、有效的一般性评估原则。
2. 选择适宜本班儿童的学习品质评估方案。
3. 描述目前关于学习品质评估研究的新趋势。
4. 利用评估结果来创设可提升全体儿童积极学习品质的环境。
5. 在评估儿童的热情和投入时，采取措施来降低风险，增加机遇。

一、优秀的早期儿童评价的基本原则

评估儿童的热情和投入应该和评估学习与发展的其他领域一样，使用相同的评估原则。全美幼儿教育协会（NAEYC）和美国教育部学前教育专家委员会（NAECS/SDE）在一份联合立场声明中提出了一些具体的、基于证据的早期儿童评估建议。正如表 8.1 所示，这些建议提醒我们，无论如何，早期儿童评估的首要目标是使儿童受益。

当我们审视幼儿学习品质评估时，应特别关注联合立场声明中的这些建议。正如立场声明的指导意见所强调的，评估的数据来源应多样化。只有一种证据来源可能难以推导出关于儿童学习热情和投入发展水平的定论。

玛莎所带一年级班上的两个儿童的例子就可以说明这一点。最近从中美洲移民而来的伊莎贝尔似乎不愿意参加班级活动。然而，当玛莎进行家访时，她发现伊莎贝尔并不是不爱活动，她对熟悉的活动充满了好奇和热情。同样地，当玛莎使用一个正式的纸笔测验对伦纳德的坚持性进行评价时，伦纳德却表现不佳。然而，当伦纳德在他喜爱的建构区工作时，玛莎和杰夫都能观察到他异乎寻常的坚持和专注。

在 NAEYC 和 NAECS/SDE 的立场声明中，另一个重要提议是必须思考评估的目的。虽然评估有很多目的，但最重要的目的，即立场声明的指导建议中反复强调的评估特点，是帮助教师制定合理的教学策略，也就是在课程计划和教学方法上为全体儿童和个体儿童的发展提供有价值的信息。对于儿童学习品质的评估来说，这一点非常重要，教师需要时刻铭记在心。评估的结果不应该用来为儿童贴上缺乏学习动机的标签。很显然，良好的童年早期经历可以促进儿童积极学习品质的显著提升。对儿童学习品质的评估结果应成为行为的指南，帮助教师对课程内容和教学方法做出计划，并为儿童的进步提供支持。教师应先将这些原则铭记在心，接下来再来看一看评估儿童热情和投入的一些方法。

◈ 表 8.1 学前教育中关于适宜、有效的评估的研究提示

◆ **建议**。将符合道德、适宜、有效而又可信的评估方案作为所有学前教育项目的核心部分。为了评估幼儿的优势、进步与需求，采用的评估方法应符合发展适宜性的原则，符合幼儿的文化和语言背景，与幼儿的日常活动紧密联系，能获得教师专业发展上的支持，与家庭紧密联系，并且可以实现以下具体的有价值的目标：（1）可对教与学进行合理决策；（2）能确定针对儿童个体需要的干预重点；（3）可帮助幼儿园加强教育性和发展性的干预举措。

◆ **有效的评估的指标**

• 道德原则指导评估过程。

• 评估工具只能用于预期目的。

• 对孩子进行的评估要与其年龄或特点相适应。

• 评估工具应符合专业质量的标准。

• 评估的内容具有发展和教育意义。

• 评估证据将用来理解和改善学习。

• 评估证据应从反映孩子实际表现的真实环境和场景中收集。

◈ 表 8.1　学前教育中关于适宜、有效的评估的研究提示

- 评估的证据来源应多元化。
- 筛选性评估要与后续行动相联系。
- 只能在有限范围内使用施于个体的、标准化测试。
- 学校工作人员和家长对评估有一定的了解。

来源：NAEYC & NAECS/SDE（2003, pp.2—3）.

NAEYC 和 NAECS/SDE 在 2003 年发布的联合立场声明《早期儿童课程、评估以及项目评价》（*Early Childhood Curriculum , Assessment, and Program Evaluation*）旨在为 0—8 岁儿童建立一个有效的、负责任的项目体系，该内容参见网络资源：http://www.naeyc.org/about/positions/pdf/CAPEexpand.pdf

二、工具 1：以新方法来使用的常见评估

许多早期教育项目正在使用或正在计划使用综合性的评估工具，以定期评估儿童在学习和发展方面的进步。幸运的是，尽管使用不同的术语，但这些评估系统中相当多的评估指标都与我们所说的学习品质紧密相关。本部分内容将描述三个评估工具，其中两个评估工具与特定课程模式相联系，另一个则是独立的。

（一）儿童观察记录量表

第一个例子是儿童观察记录量表（The Child Observation Record，COR），它与高瞻课程（本书第 6 章有讲到）的发展紧密相连。然而，很多使用其他课程模式的幼儿园也会使用 COR 作为他们的综合评估工具。

简而言之，使用儿童观察记录量表的教师或接受过相应培训的人员会从六个方面对幼儿的行为和活动进行评估：（1）主动性；（2）社会关系；（3）创造性表现；（4）音乐和运动；（5）语言和读写；（6）逻辑和数学。（注：婴儿和学步儿观察记录量表的评估维度与早期儿童版的维度略有不

同）。通过数月的观察，教师对每一个儿童在这六个领域的典型行为表现进行简短的描述。一年进行多次记录，教师可以使用这些记录对每个儿童在不同领域中的具体行为表现进行评级，使用从简单到复杂逐级上升的1—5级发展水平等级量表。幼儿园可以使用这些评价信息追踪儿童不同时间段的进步、优势和需求，并设计教学策略，与家长进行交流。

在儿童观察记录量表中，"主动性"这一维度（在婴儿和学步儿的观察记录量表中称之为"自我意识"）与我们所说的学习品质紧密相关。主动性是指儿童开始行动和完成任务的能力。主动性还反映了幼儿做出选择、决定和进行计划的能力，使用工具解决问题的能力，与他人沟通自己想法和协调行为的能力（High / Scope Educational Research Foundation，2003）。儿童观察记录量表（COR）的"社会关系"维度也包括一些与学习品质相关的指标，比如"解决个人冲突""理解和表达感情"，这两个方面都属于学习品质中的自我调节能力。

（二）创造性课程的发展连续评价表

本书第 6 章也讨论了创造性课程模式（Dodge et al., 2002）。与高瞻课程一样，创造性课程模式也有相应的一套与其课程目标相联系的评估系统——发展连续评价表（Developmental Continuum Assessment）。这个评估工具还可以帮助教师对全体儿童和个别儿童的发展制订计划。发展连续评价表可以帮助教师追踪儿童在每个领域上的发展状况，对全体儿童和个别儿童的发展状况进行一年三次的建档。发展报告可以总结有关儿童发展情况的信息，并帮助教师和家长做出下一步的教学决策。

虽然发展连续评价表没有明确的学习品质维度，但是它包含很多与学习品质相关的指标。与学习品质紧密相关的有"认知发展"指标、"学习和问题解决"指标。这些指标（等同于下面用加黑标出的学习品质名称）包括："好奇地观察物体和事情"（**兴趣**）；"使用多种策略灵活地处理问题"（**灵活地解决问题**）；"在处理任务时表现出坚持"（**坚持性**）。

此外，"社会和情感发展"领域还包括以下目标："展现出自我指导的能力和独立性"（**学习动机**）；"对自己负责"（**自我调节**）；"想办法来解决冲突"（自我调节）。

（三）作品取样系统

与儿童观察记录量表和发展连续评价表不同，最后要介绍的"多功能"评估系统并非伴随着某种课程模式而发展起来的，而是被运用于多种课程模式中。作品取样系统（Work Sampling System）（Meisels, Jablon, Marsden, Dichtelmiller, & Dorfman, 2001）是根据美国联邦和各州的儿童学习与发展标准而制定的一个持续的班级表现评估系统。这一系统可以评价幼儿园至小学五年级儿童的发展水平。还有一个相关的评估工具——"盎司评量"（The Ounce Scale）（Meisels, Marsden, Dombro, Weston, & Jewkes, 2003），使用相似的方法对 0—3 岁儿童进行评估。在作品取样系统中，教师可以使用发展检核表、档案袋以及综合报告对儿童在七个领域的发展情况进行评量，这七个领域分别为：个人发展和社会发展、语言和读写、数学思维、科学思维、社会研究、艺术、身体发展和健康。经过一年的评估，其结果可以用来帮助教师制定可支持儿童发展的学习活动。

作品取样系统中的"个人发展和社会发展"领域中，有一部分内容被明确称作"学习品质"。这个条目与美国国家教育目标小组所描述的入学准备中的"学习品质"非常相似。教师对每个儿童进行评估，评估儿童是否"表现出作为学习者的渴望与好奇""即使遇到问题也会保持对任务较长时间的关注"，以及"灵活和创造性地完成任务"（Meisels et al., 2001, pp.2–3）。

正如作品取样系统的其他领域一样，教师根据在真实的班级环境中收集到的儿童行为表现，将儿童的发展归纳为三个水平的等级："尚未发展""正在发展"和"发展良好"。

（四）多功能评估案例中的共同要素

这三种被广泛使用的评估系统阐释了多功能评估是如何将学习品质的各维度囊括其中的。这几个评估系统有很多有趣的相似点。

◆ 每一种评估系统都是从教师对真实、正常班级活动中儿童行为表现的观察开始的。

◆ 每一种评估系统都鼓励教师使用观察记录和其他数据来实现对儿童的总结性评级。

◆ 每一种评估系统都会在一年内多次评估儿童在多个领域的发展状况。

◆ 每一种评估系统都强调，评价结果应该是用来让教师更好地理解和教育儿童的。

这些共同要素与 NAEYC 和 NAECS/SDE 联合立场声明中所描述的评估原则相一致。

表 8.2 总结了这三种评估系统以及另外两种多功能评估系统的主要特征，并且提供了网络资源地址和其他参考信息，它们都是评估儿童热情度和投入度的有益资源。本章中没有提及的其他评估系统也可以用于完成同样的目的。

◆ 表 8.2 基本要点：常用的"多功能"评估系统中的学习品质

◆ **儿童观察记录量表（COR）**。与高瞻课程相联系。教师的观察记录和轶事记录是对儿童在六个发展领域中进行评级的前提依据。"主动性"（initiative）维度包括"灵活地解决问题""集中注意力""坚持性"等指标。你也可以从网络中找到一些相关信息。

[更多信息可见：High/Scope Educational Research Foundation（2003）；http://www.highscope.org/Content.asp?ContentId=63]

◆ **发展连续评价表**。与创造性课程相联系。教师对儿童的行为表现进行观察，并使用工作表记录儿童的发展，为全班儿童和个别儿童制作观察记录档案。"认知发展"和"社会与情感发展"领域中包含一些与学习品质一致的指标，具体包括：坚持性、主动性、学习动机以及自我管理。

（更多信息可见：http://www.teachingstrategies.com/page/ CA_AssessmentSolutions.cfrn）

◆ **德弗罗早期儿童评估（DECA）**。这是一项针对 2—5 岁幼儿的评估系统，由教师和家长一起完成。经过一段时间的观察，教师和家长对孩子的 27 种积极行为进行评估。这些指标与学习品质的维度、指标紧密联系，包括："选择做一些具有挑战性的任务""表现出耐心的行为"，等等。

[更多信息可见：LeBufFe & Naglieri（1999）；http://www.devereuxearly childhood.org]

◆ **表 8.2 基本要点：常用的"多功能"评估系统中的学习品质**

◆ **伽利略评估工具（Galileo）**。这是一种使用计算机进行的评估工具，对儿童在入学准备的很多领域，包括学习品质的发展进行追踪评估。评估依靠教师的直接观察、轶事记录、儿童的作品取样以及幼儿家庭提供的信息。

（更多信息可见：http://www.ati-online.com）

◆ **作品取样系统（Working Sampling）**。这是一个基于课堂表现的持续评价系统。教师使用发展检核表、文件夹以及综合报告去描绘儿童在七个领域的发展情况。"个人发展和社会发展"领域中包含学习品质的内容，具体指标有："渴望与好奇""专注性和坚持性""灵活性和创造性"。

[更多信息可见：Meisels et al.，（2001）；http://phcatalog.pearson.com/ program_multiple. cfm? site_id=1021&disciplinejd=3361&subareajd =0&program_id=941]

（五）回顾自己所在幼儿园的评估系统

玛莎所在的学区有一个综合的评估系统，但该系统不包括对学习品质的评价。如果你的幼儿园已经有了一个综合评估系统，那么非常有必要从学习品质的角度对其进行反思。

◆ 评估指标是否包括有关儿童热情和投入的维度与要素？

◆ 是否有遗漏的维度与要素？

◆ 如果被遗漏，并且你认为应该评估这些维度与要素，是否可以对评估工具进行完善和补充？

在大学导师的帮助下，玛莎还增加了一些条目，尽管这些条目不是学区评估系统的一部分，但这些内容可以为她提供关于幼儿热情和投入的有价值的信息。

三、工具 2：学习品质的专业评估系统

除了多功能评估系统，有一些评估系统是专门用来收集儿童学习品质相关信息的。正如我们下面看到的，有些评估系统可供教师使用，而有些评估系统是供研究者使用的。了解这两种评估系统会有益于工作。

（一）供教师课堂使用的评估方案

本部分包含两个例子：第一个是一个简单的工具，教师可以在日常生活中用它来评估儿童个体的参与性。第二个工具，教师可以用其来广泛收集儿童学习行为或学习品质的信息。表 8.3 总结了这两个工具和另外两个有潜力的课堂评估工具的具体信息。

一日生活参与性教师评量表。为了帮助教师记录儿童参与一日生活的表现，凯西和麦克威廉（Casey & McWilliam, 2007）开发了"一日生活参与性教师评量表"(the Scale for Teachers' Assessment of Routines Engagement, STARE)。这个简单的工具适用于正常发育的儿童和残障儿童。教师可使用此工具观察儿童约十分钟的日常活动，比如入园、集体活动、自由游戏、教师指导活动、午餐和户外活动。在每个一日生活环节中，观察者使用表格对儿童是否参与成人和同伴的活动进行记录，或者记录儿童是否愿意操作活动材料。评量的等级从"几乎从不参与"到"几乎所有时间都在参与"。此外，教师应对儿童的参与性水平进行记录，评量等级从"从不参与"（"不适当的行为表现；注意力不集中"）到"复杂的参与"（象征性谈话、假装游戏和坚持完成任务）。这些信息可以帮助教师更加了解儿童参与性的表现形式，从而帮助教师调整指导策略或开发具体的干预方案。

学会学习量表。教师在课堂上采用的第二个评估工具是"学会学习量表"(Learning-to-Learn Scales , LTLS) (Fantuzzo & McDermott, 2008)，此量表是基于麦克德莫特和其同事之前研发的学前儿童学习行为量表 (McDermott, Leigh, & Perry, 2002) 改编的。如果此量表的效度检验可以被证实，它便可以用来更全面地了解儿童，帮助教师进行自我评估，并

指导教师做出改善班级中积极学习品质的决策。

◈ 表 8.3 基本要点：供教师课堂使用的学习品质评估方案

◆ **ECLS-K 学习品质评估**。学前儿童纵向研究——幼儿园（ECLS-K）项目利用家长和教师的评分对儿童进入幼儿园时的学习品质进行评估。评估维度主要是儿童在处理学习任务时的专注性、坚持性、对学习的渴望、独立性、灵活性以及组织性。此量表改编自社会技能评价系统（SSRS）（Gresham & Elliott，1990）。

[更多信息请参阅：National Center for Education Statistics（cn.d.）；http://nces.ed.gov/ecls]

◆ **参与性检核表二（Engagement Check II）**。这是一个帮助教师确定小组参与程度的简单工具。教师计算房间里或小组中的儿童数，然后计算有多少儿童没有参与活动。教师多次进行快速观察，以得出参与儿童的平均百分比。

[更多信息请参阅：McWilliam（1998）；http://www.vanderbiltchildrens.com/inrerior.php? mid=1177]

◆ **学会学习量表（LTLS）**。教师对儿童过去两个月的行为进行思考，并将每个维度的等级分成三类：对该儿童"大多适用""有时适用"或"不适用"。每个维度分为六类因素：策略规划、有效动机、学习中的人际互动能力、注意力/专注力、学习中的有声参与和风险承受能力。

[更多信息请参阅：Fantuzzo & McDermott（2008）；McDermott et al.（2002）；Rouse & Fanttuzzo（2008）.]

◆ **一日生活参与性教师评量表（STARE）**。教师评估儿童一日生活活动中参与活动的数量和水平，如到园、集体活动、区域活动、午餐和户外时间。

[更多信息请参阅：Casey & McWilliam（2007）；http://www.fpg.unc.edu/indusion/Instruments/STARE/body_stare.htm]

教师使用该工具观察儿童在过去两个月中的行为，每个维度分成三类：对这个儿童"大多适用""有时适用"或"不适用"。教师从儿童学习行为的六个方面做出反馈：策略规划（行为示例："先考虑后果再做出规划"）、有效动机（"发现挑战并积极参与"）、学习中的人际互动能力（"对可供选择的方法进行积极地回应"）、注意力/专注（"专注地进行个

人活动，至少保持 30 分钟"）、学习中的有声参与（"提出问题和分享想法"），以及风险承受能力（"愿意参与不熟悉的活动"）。当这些学习行为出现在相当短的时间间隔时，该量表（LTLS）尤其可以用来观察和区分这些学习行为的改善情况。

（二）供研究者使用的评估方案

本部分将介绍一些供研究者使用的学习品质评价工具。表 8.4 总结了供研究者使用的另外两个评估工具。对于所有学前教育专家来说，这类评估方工具可以提供一些有价值的信息，包括儿童自我调节、灵活解决问题和其他学习品质维度的行为表现和影响。

碰碰脚趾！学前儿童自我调节行为测评。有一个相对较新的评估工具可以对儿童的自我调节能力进行评价，被称为"碰碰脚趾！"（Touch Your Toes！）（Cameron et al., 出版中）。使用这个评估工具时，接受过培训的评估者邀请儿童独立玩一个游戏。评估人员给儿童发出一系列指令，如"摸摸你的头"或"碰碰你的脚趾"，但随后规则变得复杂起来——经过一系列适当的反应之后，儿童要做出与指令问题相反的动作回应，如：命令是摸自己的脚趾时，请幼儿触摸头部。那些在这个任务中能更好地使用"抑制性控制"的儿童，在早期读写、词汇和数学技能中更容易获得高分（McClelland et al., 2007）。

灵活解决问题的任务。另一个相对较新的评估方案是关于学习品质的另一个重要维度，即儿童解决问题的灵活性（George & Greenfield, 2005）。在这一研究中，要求儿童从三个选项中（例如，在一组小丑照片中只有一个小丑没有戴帽子）选择"单数"项（即哪一个是不同的）。评估中会向幼儿提出一系列问题。儿童为了得出正确的答案，需每次转换解题策略（如，也许下一组的三张图片中有两张小丑图片、一张猴子图片）。为了可以更好地完成任务，儿童需使用更为灵活的解决问题策略，而不是被最初的一种策略所限制。

◆ **表8.4 基本要点：供研究者使用的学习品质专业评估工具**

◆ **儿童内在学习动机指标（CAIMI）**。家长通过回答一系列有关幼儿行为的陈述来完成这项评量方案。评估的指标包括儿童乐于学习、掌握目标、坚持性、好奇心和参与挑战性的任务。该量表有多种版本，适用于年长儿童和学龄前儿童（Y-CAIMI）。

[更多信息请参阅：Gottfried, Fleming, & Gottfried（1998）.]

◆ **儿童连续表现测验（CPT）**。这是一个在计算机上进行、针对幼儿专注力的评量工具，专注力是学习品质和其"执行功能"的重要维度。在这项评估中，年幼儿童和注意力缺陷儿童的发展水平与年长或正常发育的儿童相比，具有显著差异。

[更多信息请参阅：Blair, Zelazo, & Greenberg（2005）; Mahone, Pillion, Hoffman, Hiemenz, & Denckla（2005）.]

◆ **解决问题的灵活性测试**。要求儿童独自找出三张照片中不同的一张。在一系列照片中，要求每一组照片的辨认都使用不同的规则或问题解决策略。

[更多信息请参阅：George & Greenfield（2005）.]

◆ **碰碰脚趾！学前儿童自我调节能力的行为测试**。提供给单个儿童一个简单的游戏，游戏规则与听从指令的测试一样。测试得分可以反映幼儿的自我调节能力。

[更多信息请参阅：Cameron et al.,（出版中）.]

四、工具 3：利用评估结果制订计划

从上述例子我们可以看出，越来越多的资源可以帮助教师和研究者评估学前儿童的学习品质。这真的是件好事。然而，评估本身并不是目的，而是达到目的一种手段。再好的评估策略，如果不是一个能够系统、有效地运用评估结果的过程，那就是无用的。图 8.5 可以帮助我们思考这个过程。该图展示的是一个"记录和评估循环圈"的五段式模型。

教师在这个模型中开展五段式的循环："确定学习目标，搜集证据，描述和分析证据，结合学习目标解释结果，并应用这些信息来制订计划。"（Hyson et al., 2006, p.28）这个循环与教师在班级里开展的行动研究是相似的过程（Falk & Blumenreich, 2005；Sagor, 2004）。

表8.5 记录和评估的五段式循环模型

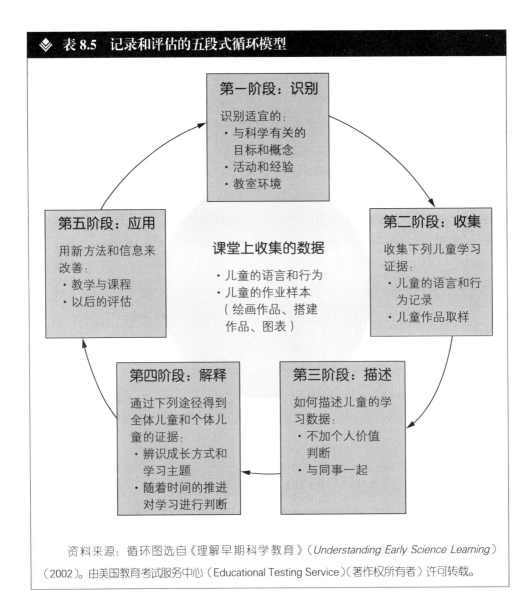

第一阶段：识别

识别适宜的：
· 与科学有关的目标和概念
· 活动和经验
· 教室环境

第二阶段：收集

收集下列儿童学习证据：
· 儿童的语言和行为记录
· 儿童作品取样

第三阶段：描述

如何描述儿童的学习数据：
· 不加个人价值判断
· 与同事一起

第四阶段：解释

通过下列途径得到全体儿童和个体儿童的证据：
· 辨识成长方式和学习主题
· 随着时间的推进对学习进行判断

第五阶段：应用

用新方法和信息来改善：
· 教学与课程
· 以后的评估

课堂上收集的数据

· 儿童的语言和行为
· 儿童的作业样本（绘画作品、搭建作品、图表）

资料来源：循环图选自《理解早期科学教育》（*Understanding Early Science Learning*）（2002）。由美国教育考试服务中心（Educational Testing Service）（著作权所有者）许可转载。

　　下面是之前提及的玛莎的例子，这个例子可以说明记录和评估循环模型是如何评估儿童学习品质的。

　　玛莎对提升积极学习品质有强烈的使命感，她对儿童的热情和投入的发展有明确的目标，并设计了一些促进这些目标实现的课堂环境和活动。

在这一年里，玛莎计划使用一些我们所讨论的评估方法和学习品质专用评估工具，以对她所在幼儿园要求的多功能评估做出补充。在以"树"为主题的课程项目和其他主题课程项目中，玛莎打算从多个信息源收集信息（在不同情境中直接观察幼儿、幼儿的作品取样以及与家长讨论），并在一年内多次收集信息。

玛莎利用这些信息来指导自己的教学。对于她和其他学前教育工作者来说，这是评估的主要目的。今年年初，她请实习教师杰夫在班级会议（class meetings）中对儿童的投入度进行快速观察，她从中获益良多。玛莎在备课过程中对班级会议有了一定程度的了解，但在她自己的课堂上，她发现自己对于开展班级会议（见第 5 章的描述）的兴趣和孩子们的兴趣并不相符，许多孩子看起来并不感兴趣，也不愿意配合，这与杰夫观察所提供的信息不相符。根据杰夫所提供的观察信息，玛莎对班级会议的时间和形式进行了调整，以期促进幼儿更高程度的投入。最终，玛莎决定将每次班级会议的对象调整为班级中一半的儿童。

玛莎使用幼儿主动性定期评估结果（在她的项目中作为多功能评估的补充来使用）来确定哪些儿童需要针对性的干预策略，以帮助儿童做出选择并坚持进行活动。玛莎的导师（玛莎是新教师）帮助她思考，如何将这些干预策略与她在班上所做的其他事情整合到一起。特拉弗斯患有唐氏综合征，难以进行探索游戏，玛莎对他尤为关注。玛莎为特拉弗斯搭配了一个发展正常的伙伴——乔伊。乔伊主动性发展得很好，玛莎给他们布置了需要共同完成的任务。在乔伊的帮助下，特拉弗斯的主动性、坚持性和自我调节能力都得到了显著提升。

这些只是幼儿教师有效利用儿童学习品质评估结果的一些方式而已。表 8.6 邀请教师在特定领域（例如，数学领域）开展评估。这并不是简单地、漫无目的地收集大量的数据，也不仅仅是填满表格和记事本，而是要制订系统的评估计划，确保儿童从评估中受益。

◈ **表8.6 不断进步：评估数学课程中的学习品质**

评估儿童的技能是日常教学的一部分。下面是一个来自数学课程的例子，教师可以思考一下如何让这一评估涵盖学习品质的不同维度。

在布里安娜的幼儿园里，数学课程采用了《数字工作2》（*Workjobs II Number Activities*）系列（Baratta-Lorton，1978）。在一个活动中，儿童四人一组坐在地垫上，可以用红色和黄色的花装饰帽子。每个儿童根据自己的意愿在帽子上任意放六朵花。例如，杰奇可能会使用五朵红花和一朵黄花，而她的朋友阿曼达可能是每种颜色各选三朵。教师也鼓励孩子们谈谈他们对于数字语言的选择。

通过观察这个活动，布里安娜可以了解到很多儿童理解数字概念的能力，从中获得有助于她完成数学课程教学的信息。那么，她同时了解到了关于儿童学习品质的什么内容呢？参考本章资料，布里安娜需要考虑的是，哪些学习品质在活动中是显而易见的（例如，幼儿在坚持性、兴趣、自我调节能力等方面的差异），应如何系统地记录幼儿的这些行为表现，以及她能从观察记录的结果中学习到什么。

五、降低儿童学习品质评估的风险，并最大限度地发挥评估的潜在价值

玛莎的故事能够引导我们对儿童学习品质评估中的风险和潜在价值进行总结和讨论。

（一）风险

很多人总是以为儿童的学习品质是天生的、不变的，我们必须帮助这些人避免从评估信息中得出不准确的结论。无论教师何时收集有关儿童的投入、学习动机或其他学习品质的信息，都不应该问："我们应该如何用这些信息对幼儿进行评级分类？"相反，学前教育工作者应该问："如何通过评估信息更好地了解孩子呢？""如何才能使评估信息提供一些促进儿童发展的有价值的线索？"

对儿童学习品质的评估可能会对其外显的行为表现和潜在的情感态度产生误解。例如，玛莎班上的实习教师杰夫在观察儿童是否要参加小组讨论时，他可能会因为大多儿童都在静坐着看玛莎而认为他们是非常专注的。但儿童和成人一样，在思考其他事情或完全走神的时候看上去也都是集中注意力的样子。儿童可能只是在学习遵守规则——"看着老师的眼睛"，而不是思维集中。为了减少这种评估风险，教师需要采用多种方法评估儿童的投入水平，而不只是观察他们的眼睛注视哪里或只观察儿童表面的身体动作。

最后，当对不同文化背景下的幼儿进行学习品质评估时，评估者可能会推导出错误的结论。因为在评估的过程中，文化和语言可能会影响到儿童对评估的态度（NAEYC，2005b）。处于不同文化中的儿童可能在表达兴趣、投入度、学习动机和其他学习品质方面都有差异。除非评估的过程和工具具有文化适宜性，否则对幼儿热情度和投入度的评估结果往往是不准确的。

（二）潜在的价值

如果评估的风险被降低，那么评估儿童学习品质的潜在价值就会开始显现。不仅儿童能从中受益，而且学前教育工作者和家庭也可以受益，因为他们可以了解到更多关于儿童学习的热情和投入的信息，并且可以高效地利用这些评估信息。

为了持续实现这种价值，学前教育机构需要建立一种工作氛围，即所有的教职工都一起记录幼儿的进步，分享见解并思考如何使用他们正在收集的信息。在这样的环境中，每一个人都乐于学习更多关于儿童热情和投入的知识（他们对幼儿发展和学习的其他方面也是一样的），以及使用这些信息去试验和评价不同的教学策略。玛莎对于新工作中的这种氛围并不是很习惯，但是她已经开始与那些愿意经常见面讨论的一年级教师形成了学习共同体，并经常一起讨论他们在儿童发展评量系统中学到了什么。

六、回顾与展望

本章介绍了教师对儿童学习品质进行评估的方法，但是家庭也应该积极参与到这种评估文化中，对幼儿日益发展的积极学习品质进行评估、分享、计划和庆祝。下一章，我们将针对家庭如何促进儿童的热情和投入进行讨论，并且讨论学前教育机构应如何支持家庭参与到儿童积极学习品质的培养中。

 思考、讨论与行动

1. 如果你所在的幼儿园——或者你作为一个学生参与的某个早期教育项目——正在使用一个评估系统对幼儿的学习和发展进行评估。从学习品质的视角去分析这个评估系统。在这个系统中，可以评估热情、投入以及其他学习品质要素吗？如果不可以，你会建议做哪些调整？

2. 尝试使用本章介绍的一种或多种评价工具，对全班儿童或一两个儿童进行评价。最后思考你收获到的新见解。

3. 根据你的评估结果制订一份课程计划，然后改变课程方案中的某个具体活动，以提升儿童的积极学习品质。最后与你的同事分享你的结论。

第 9 章
调动家庭力量的工具

　　幼儿园教师们正在准备筹划一系列的傍晚家长会。在这个幼儿园中，每个班有两名合作教学的教师，其中一位精通西班牙语，另外一位精通英语。许多教师与当地社区的居民，其中包括来自墨西哥和中美洲的移民，关系密切。一些教师对去年的家庭参与情况并不满意，他们决定今年采取一些新的措施。例如，邀请两对父母和一对祖父母帮助他们制订会议计划。他们决定通过这些会议帮助家长认识到，尽管掌握阅读和写作的基础对幼儿来说是重要的，但对幼儿来说，发展学习动机、兴趣、坚持性和自我约束也非常重要。教师也想与家长一起促进儿童在这些领域的发展。虽然教师和家委会代表有很多的教育理念，但他们仍在努力学习如何在学前教育机构中与所有家长建立联系。

　　本章将关注在早期教育项目中，教师应如何帮助家长，使家长对发展儿童在学习中的热情和投入产生影响。第 3 章根据布朗芬布伦纳的生态系统理论描述了学习品质影响因素的循环系统。布朗芬布伦纳的生态系统理论（Bronfenbrenner, 1978）和哈佛大学家庭研究项目（Harvard Family Research）（Weiss, Caspe, & Lopez, 2006）都指出，家园联系是一种支持儿童学习和发展的互动体系（Hanson & Lynch，2003；Powell, 2006；Shonkoff & Phillips，2000）。

　　表 9.1 列举了一些关于家庭对幼儿生活具有影响力的研究结论，学前教育工作者可以通过一些简单的方法来调动起家长的力量：保持良好的家园关系，与家长进行集中讨论，分享方法性的理念。家园之间形成彼此尊重、互惠的关系是发挥家庭力量的基础。在良好的家园关系下，教师可以与家长一起开会，对重要的儿童发展议题进行讨论，包括儿童对学习的热情和投入。在会议上，教师和家长可以互相分享一些关于学习品质的、来源于研究证据和实践的教育理念与资源，同时兼顾到多元的家园文化和背景。总之，本章所介绍的工具可以促进儿童对学习更浓的热情和学习中更强的投入。

💠 表 9.1　关于家庭对发展幼儿对学习的热情和投入的重要性的研究提示

◆ 父母的信念和行为对儿童学习动机的发展具有重要影响（Wigfield et al., 2006, p. 970）。

◆ 对母亲具有安全依恋的婴幼儿在解决困难任务时可能更加热情、更加投入（Arend et al.,1979）；当幼儿面对新的、具有挑战性的情境时，有安全依恋的儿童会显示更多的自我效能感和信心（Shonkoff & Phillips，2000）。

◆ 强调对儿童学业成就进行外部奖惩的家庭，他们的孩子可能会缺乏内在的学习动机（Gottfried et al., 1994）。

◆ 儿童的"掌控行为"（mastery behaviors）会受到父母反馈的影响。具有较多掌控倾向的儿童，包括一些残障儿童，他们的父母会积极配合儿童的活动，并表现出积极情绪，也不会过度干预、指导或评论（Shonkoff & Phillips, 2000; Turner & Johnson, 2003）。

◆ 当家庭环境可以激励儿童前进并提供情感支持时，儿童的总体幸福感会增强（Shonkoff & Phillips, 2000）。

续表

◆ **表 9.1　关于家庭对发展幼儿对学习的热情和投入的重要性的研究提示**

◆ 经常给儿童阅读书籍的家长，其孩子在幼儿园表现出较强的阅读动机和较高的阅读成绩
（Wigfield et al., 2006）。

◆ 使用"民主型"教育方式的家长（给儿童提供选择的机会，不强迫儿童表现出良好行
为），他们的孩子具有更浓厚的学习兴趣和内在动机（Grolnick & Ryan, 1989）。

◆ **本章目标**

阅读本章后，你将能够更好地：

1. 与所有儿童的家庭建立密切的关系。

2. 就"儿童学习品质"这一话题，与家长进行有效沟通。

3. 吸收一些有证据支持的实践理念，家庭可以遵循这些实践理念促进儿童对学习的热情和投入。

一、工具 1：保持良好的家园关系

在讲完这类良好关系的必要性后，我将列出一些具体的步骤，来帮助学前教育工作者进一步巩固这种关系。

（一）为什么良好的家园关系应该是相互的

如同良好的师幼关系是师幼互动的基础（见第 5 章），家园关系也是与家长有效合作的必要前提（Koralek, 2007）。更具体地说，良好的家园关系可以有效地帮助家庭支持儿童对学习的热情和投入。过去，家园关系是不平等的、自上而下的，这种关系中教师是专家，而家庭则是被动的接受者。然而，当前教育工作者对家园关系的思考已经渐渐超越了传统的模型。全美幼教协会（NAEYC, 2008）在"发展适宜性实践"的立场声明中

强调，教师与家长应该是"相互平等"的关系。换句话说，这种关系应该以相互尊重和交流教育理念为特征。全美幼教协会的早期课程标准期望高质量的学前教育项目可以建立并保持"与每个儿童家长的合作关系，以促进儿童全面发展。这些合作关系应该适应于不同的家庭结构、语言和文化"（NAEYC, 2005, p.11）。

（二）学前教育工作者如何巩固与家庭的关系

首先，需要谨记的一点是，多数家庭都希望与幼儿园及其工作人员建立亲密的关系。单身父母和年轻家长可能会有一些不便，但他们也特别渴望与幼儿园建立友好关系，尤其是涉及儿童的社会性和情感的发展时（Olson & Hyson, 2005）。

学前教育工作者应通过尊重、关怀、赞赏家庭的优点以及彼此欣赏来与家长建立友好的关系（见 NAEYC, 2006；Weiss et al., 2006）。很多资源可以帮助学前教育工作者，《从家长到合作伙伴》（*From Parents to Partners*）（Janis Keyser，2006）就是一本包含很多实用性建议的学习资料。

良好的家园关系是建立在教师个人知识和家园互动的基础之上的，所以首先，教师应该快速地记住每位儿童的家庭中重要成员的名字（继父母、兄弟姐妹、祖父母等）。如果家长送孩子来园，教师应该做到迎接每个家长和孩子的到来。教师也可以了解每位儿童家庭成员的兴趣或特征。当然，家庭和教师都有一个重要的兴趣点，那就是孩子。如果教师表现出喜爱并了解他们的孩子，家长很快就会和教师熟悉起来。也许专门约时间与家长进行讨论比较困难，但教师可以就近安排讨论场所，如教师可以在家长接送孩子时与其进行谈话，这样也不会让孩子脱离家长的看护。

这些方式通常是创建良好家园关系的基础，但并非总是如此。教师与家庭之间存在的文化差异会让家园关系的构建困难重重。例如，开篇提到的幼儿园工作人员就发现，许多美国中部家庭不愿与外人分享个人信息。此外，在许多文化中，教师被视为权威人士和专家。当教师尝试建立一个平等的家园关系时，这些文化传统下的家庭反而觉得不舒服。但同时，很多资料可以帮助学前教育工作者更好地理解文化传统的多样性和差异性，这种理解可以帮助教师与家长形成关怀、尊重并且接纳彼此文化的友好关系（Lynch & Hanson 2004；Quintero, 1999）。

此外，有些时候，友好的家园关系可能很难建立，因为家长在自己或者自己孩子的成长经历中，与别的幼儿园或教师有过一些不好的负面经历。因为这些经历，他们可能会对建立家园关系感到不安和焦虑。教师可以为家长创设一些非正式的交流机会，以便家长可以更加了解教师和其他家庭（如有舒适座椅的家庭休息室或活动区，一个比萨晚宴或者工作派对）。先前有负面经历的家庭可能会觉得，现在他们归属于一个互相支持的共同体，在这个共同体中，他们可以互相了解并互相尊重。这些事情需要项目中的教师和家庭顾问们将他们的部分预算用来购买非正式聚会所需的咖啡和糕点，比如每周五上午在教室附近的凉亭召集一个非正式的小聚会。

二、工具 2：与家长交流学习品质

随着尊重和对等关系基础的建立，教师更方便与家长讨论儿童学习品质的话题。

（一）为何、何时、何地

通过与家长的交流，教师可以深入了解儿童在家中的兴趣和学习行为，以及家长对于激励和激发儿童学习品质的教育理念。运用第 8 章提供的评估信息，教师也可以帮助家长发现并欣赏儿童表现出来的好奇心、计划能力、对学习的热情和投入。通过这些谈话，教师可能也会发现，一些家庭不能促进儿童积极学习品质或学业成就的提高，因为在儿童的成长过程中，这些家庭几乎看不到他们的孩子成功的机会（Ogbu, 1985）。

关于儿童学习品质的谈话几乎随时随地都可以进行。无论谈话发生在家长接送孩子时，还是在例行的家长会上，或是在班级会议上与所有家庭的固定谈话中，抑或是其他场合，这些谈话都能帮助家庭和教师互相学习。

（二）开始谈话

无论谈话对象是谁，进行一个好的谈话并不是那么容易。下面的建议改编自凯泽（Keyser，2006）的著作，我补充了一些教师特别关注儿童学习品质的例子。

◆ 表现出对家庭和儿童浓厚的兴趣，问家长一些开放式的问题（例如："我很想知道安吉洛为何会对他的绘画作品如此感兴趣。家长在家里做了什么事吗？"）

◆ 分享一些你自己的事情（如："你知道吗，当我像安吉洛那么大时，我也总是画画。长大后，我上了一些美术课，现在我仍然喜欢画画。"）

◆ 教师应注意到每个家庭个性化的交流方法，并对家长所处文化中的沟通习惯进行回应（假如你感觉到安吉洛的奶奶不喜欢在操场上谈论她的孙子，你可以说："不知您是否想去办公室和我谈一谈？关于如何帮助安吉洛将他的绘画兴趣应用到其他学习领域中，我很乐意听听您的想法。"）

（三）谈话主题：热情和投入的组成要素

学习品质的所有组成要素都有可能成为教师与家庭谈话的主题，而对象可能是某个家庭成员、一大家子人，或是很多个家庭。例如，大多数父母喜欢谈论孩子的兴趣，以及什么能让自己的孩子特别快乐。下午，当家长和教师看着孩子在沙箱旁玩耍时，教师可以评价孩子的动机和坚持性，以帮助家长了解孩子是如何坚持尝试使用铲子的，当沙子漏出来时孩子又是如何坚持活动的。同样，如果父母在上班前和孩子一起看书，教师可能会这样评价：当父母挨着孩子坐下并指着每一页的图片时，孩子的注意力非常集中。还有一个孩子，在父亲离开之后非常难过，但他会让自己冷静下来并停止哭泣，教师可能会告诉父亲，他儿子的自我调节能力又向前迈进了一步。教师可以帮助家庭了解，上述这些例子都反映了一种积极的学习品质，这种学习品质将有助于儿童的情感、社会性和学业成绩的发展。

关于学习品质的谈话自然会带来文化的偏好与期望。例如，教师和家长可能有机会谈论，为什么儿童向老师请教问题是重要的，即使这样的问题可能脱离了文化传统。如果家园之间的关系积极友好，学前教育工作者和家长们就能够一起了解和探讨这些问题。

（四）当谈话遇到困难

与建立友好家园关系遇到的困难一样，关于儿童学习品质的谈话可能也会给教师和家长带来挑战。一旦父母明白他们孩子身上的学习品质是多么重要时，他们就可能会给孩子施加过多的压力，以使儿童变得更加专注和坚持。这时候，可能需要一些专业知识来帮助家长转变教育理念。例如，父母需要知道，婴幼儿的下列行为都是正常的：注意力迅速地转移，或者容易沮丧。对家长来说，更重要的是要了解一些与年龄相关的发展界限，善于发现孩子进步的行为表现并提供支持。

有时会出现一些更重要的学习品质发展问题。这个问题可能是家长已经意识到的，或者也可能是教师已经观察到，但家长不认为是难以解决的问题。这两种情况都需要组织一次真诚的、互相尊重的家园会议，对问题进行讨论，最终得出家园双方都满意的结果。下表 9.2 介绍了一些适合家园进行的关于学习品质谈话的建议和示例。

◆ **表 9.2 基本要点：家园关于学习品质问题谈话的建议**

凯泽（2006，pp.48–50）列举了一些在家园问题解决会议上可以采纳的建议，这些建议能够使谈话变得富有成效。这样的谈话可能发生在定期会议或特别安排的会议上。我将在每条建议后附上一个例子进行说明，这个例子假设一位幼儿园教师与卡罗尔的单身父亲正要讨论六岁的卡罗尔的学习品质。

◆ 聆听，聆听，聆听。问一些开放式的问题，并回答家长的问题（"听起来你很担心卡罗尔缺乏阅读动机。在家里，卡罗尔的哪些行为表现会让你担心？"）

◆ 重申和重塑家长的想法（卡罗尔的父亲说他的女儿是个"懒惰的小马虎鬼"。教师可以这样说："所以你看到卡罗尔容易分心、健忘，而且似乎并不努力。"）

续表

◆ 表9.2 基本要点：家园关于学习品质问题谈话的建议

◆ 承认父母的努力和优势（"漫长的一天结束后，卡罗尔的沮丧情绪肯定很难平复。你努力地帮助她阅读，而她却很想放弃。令人惊讶的是，你刚搬到这座新城市并且能够很好地胜任新工作，你是怎样做到的？"）

◆ 问父亲或母亲想要的结果（"当你想到卡罗尔的阅读动机时，你希望看到什么变化？"）

◆ 为家长提供一些关于幼儿发展的专业信息（"你知道的，卡罗尔这种年龄的孩子会将自己的行为与其他孩子进行比较，正因如此，有时他们会气馁或者避免做可能会受挫的事情。通常当幼儿了解如何自学，以及当他们体验到成功感的时候，这种心态就会改变。"）

◆ 给家长推荐一些资源（"你可能想跟茱莉亚的父母谈一谈——我记得有一段时间她好像遇到了类似的困难。《培养一个读者，培养一个作者》这本书对于在家中培养卡罗尔的兴趣也许有一些提示作用。"）

◆ 制订一个与家长进行再次谈话的计划，并感谢家长与你分享信息（"非常感谢你们分享自己的经验和关注的问题。我现在可以想出一些能够帮助卡罗尔提升学习动机的好建议，我也希望你喜欢我们的谈话。让我们保持联系，并共同关注卡罗尔接下来几周的进展。"）

三、工具3：与家长分享实用性的理念

这个工具放到最后来说，是因为无论实用性的理念有多好，家长都不会乐于接受"家长教育"或外部干涉，除非教师与他们建立了积极友好的关系（Kelly & Barnard, 1999），或者教师已经多次和家长进行了能够提供支持又适合其家庭文化的谈话。

如果早期教育项目已经帮助家长了解了什么是积极学习品质，以及为什么学习品质的培养很重要，家长可能会产生更具体的问题。

◆ 为了促进儿童对学习的热情和投入，对于家庭而言，做哪些事情是最重要的？

◆ 为了提升儿童的积极学习品质，最好的家庭活动是什么？

◆ 家长参与到孩子的活动中是否有好处？如果有好处，如何参与？

（一）对家庭的安慰与提醒

无论上述问题是由家长直接提出还是教师在阅读时看到的，由于没有标准答案，所以教师都可以进行回答。如果教师能够提醒家长，与幼儿建立温暖、安全、激励的亲子关系是他们可以给予孩子最宝贵的礼物，家长可能会感激教师。家长也需要明白，没有必要通过外部奖励机制来激发儿童的学习动机，事实上，这些奖励可能会适得其反，破坏儿童的学习动机。取而代之，家长可以关注儿童的学习目标以及儿童努力的过程，而不仅仅关注其获得成功的行为结果。家长会可以让家长好好思考一下该如何用语言把这些信息传递给儿童，也许家长们还可以进行角色扮演（如："我看到你在努力地为妹妹做生日贺卡，你已经坚持很长时间了！"）。

学前教育工作者还可以为家庭介绍其他策略，以供其参考。例如，父母、祖父母和其他家庭成员可以向儿童表现出自己对一些事物很感兴趣，比如汽车维修、烘焙和政治，这些都可以。家长也可以向儿童展示自己是如何坚持完成困难任务的，大声谈论他们正在做什么，为什么这么做（"这油漆还能看到条纹，说明融合得还不够好，我的手臂越来越累了，但我想我最好多搅拌一会儿，这样刷在墙上会很好看。"）。父母也可以关注并支持儿童的兴趣，例如：对于对数学感兴趣的幼儿，家长可以创造机会，让他使用学习到的知识来帮助父母购物、整理家庭资料或完成其他重要任务。

教师需要告诉家长，无论是与成人合作的活动，还是需要幼儿独立完成的活动，幼儿都需要有足够的时间来对活动进行思考和探索。父母可以尝试各种方法帮助幼儿提升其注意力和坚持性，如让孩子们在几天时间内坚持完成一个艺术主题或阅读一本新书。

应该在多大程度上参与幼儿的学习？家长们可能对此感到困惑。在此提示家长，平衡是很重要的。如果要发展儿童的积极学习品质，那么就需要成人的支持和保护，但有时成人可以不给予儿童支持，使其能够独立解决学习任务。这里列举一个幼儿做拼图游戏的例子。对很多成年人来说，拼图很简单，于是当幼儿在操作拼图时，很多成年人会不由自主地给幼儿一些暗示，或者将一片拼图放置在正确的位置上，这是一种成人提供支架帮助幼儿学习的方式，这种方式可让幼儿保持参与性，在成人没有完全插手的情况下，让幼儿自己获得成功。不过，在给出这些建议时，教师需要深入了解文化的多样性，包括父母如何帮助孩子发展技能——从直接的指令示范到支架指导（Rogoff, 2003）。

根据家庭的需要、兴趣和背景，这本书的其他章节也提供了一些建议，尤其是第 6 章关于课程和第 7 章关于教学方法的内容。虽然这些章节所提出的建议是针对教师的，但其中一些主要理念也易于被家长接受。狄波拉·斯蒂克和凯斯·希尔（Deborah Stipek & Kathy Seal，2001）的著作《受启发的心智：让儿童爱上学习》(*Motivated Minds:Raising Chidren to Love Learning*) 是写给家长的，它为不同年龄阶段儿童的家长提供了一些切合实际的建议。朱迪·海尔姆（Judy Helm）及其同事在另一本书中也提出了一些建议，帮助家长了解应如何在家里培养儿童对富有挑战性、需要认真投入的活动的兴趣 (Helm, Berg, & Scranton, 2004)。

（二）分享实用性理念的场所和方式

在很多场合，教师和家长都可以分享彼此关于学习品质培养的理念。这包括与家长进行单独或集体的非正式聊天，或者通过新闻刊物、印刷品、电子通讯（Diffily & Morrison, 1996）、家长布告栏和家长会进行家园沟通。如果家庭愿意积极参与，家长会是最有效的办法。当自己的孩子正在进行活动时，家长也可以参与其中，或者尝试完成成人拼图和脑筋急转弯，感受新事物和困难问题的挑战（Keyser, 2006）。家长还可以查看儿童的作品记录（张贴在教室中的作品范例、幻灯片、录像等），一起探讨儿童作品中展现出的学习兴趣、坚持性和主动性。开篇小插图中的教师团队正在对家长会进行计划，计划中就包括了很多上述策略。

家访还可以提供其他机会。表 9.3 可以引导教师思考：作为许多学前教育项目的要求或选择，应如何用家访来建立友好的家园关系，以促进幼儿学习品质的发展。

◈ **表 9.3　不断进步：家访和学习品质**

在许多学前教育项目中，教学人员会对每个幼儿进行家访，高瞻项目要求每年至少进行两次家访。家访的主要目的是让家长了解孩子的成长和发展。另外，还可以更好地满足儿童及其家庭的需要，为共同解决问题提供平台，并鼓励家长参与。很多家访计划包括对幼儿的直接教学，此外，教师可以给压力大的家庭一些额外的支持和资源（Michigan Department of Education Early Childhood Programs，1999）。通常，家访包括与家长讨论，组织幼儿和家长都能参与的活动，或者是由教师（或家访人员）进行展示。

在家访的基本框架内，应如何将年初的家访主题聚焦到更加关注儿童的学习品质呢？家访时，应如何对幼儿的热情和投入的方式进行讨论呢？了解一个家庭的信仰和价值观，并计划具体的教育活动，这将帮助父母和其他家庭成员了解孩子对于学习的热情和投入，并获得更多关于培养幼儿积极学习品质的态度和行为的想法。

（三）支持家庭 = 支持家庭中儿童积极学习品质的发展

虽然有些家长希望得到让幼儿具有高动机、全投入、浓兴趣的秘诀，可是不存在这样的秘诀。正如我们在本章所看到的，虽然家庭希望知道一些促进积极学习品质的具体信息和技巧，但营造家庭支持的氛围才是最重要的。为家庭提供支持的学前教育项目可以帮助家庭创设良好氛围，以促进幼儿对学习的热情和投入。尊重自己、善于倾听和提供支持的家庭能够更好地为幼儿提供支持性的互动和体验。

这就需要所谓的"以家庭为中心的照顾"和"以家庭为中心的服务"（Keyser，2006；Pletcher & McBride，2004；Sandall, McLean, & Smith，2000）。正如凯泽所总结的，与卫生服务、儿童福利、早期干预、早期儿童特殊教育所表达的原则一样，"以家庭为中心的照顾"包括如下主要原则。

◆ 认识和尊重彼此的知识与专业技能；

◆ 通过双向沟通分享信息；

◆ 分享权力和决策权；

◆ 承认和尊重多样性；

◆ 建立支持网络（Keyser, p.12）。

本章强调了这些原则，特别明确地提到了家园合作培养幼儿积极学习品质的方法，但这些原则需要在家园关系的方方面面持续落实。

四、回顾与展望

本书第二部分的主题是"将风险转化为机会"。到目前为止，我描述了五套有证据支持的工具，教师可以使用这些工具来创造机会。虽然这些内容以独立章节的形式呈现，但五种工具结合起来使用才最有效。例如，没有家庭的参与和家园合作，课程（第6章）、教学方法（第7章）及评估（第8章）将不太可能影响儿童的热情和投入。如果家长看到教师真心地喜爱自己的孩子，并和孩子建立了安全的师幼关系，他们便更有可能与教师（第9章）建立友好的互惠关系（第5章）。

这些工具原本是在单个教室和单个幼儿园使用的，操作者是那些已认识到学习品质对儿童发展的重要性的教师和工作人员。那么，我们如何将这种理念转化为广泛的宣传和行动？最后一章将迎接这一挑战。

 思考、讨论与行动

1. 采访一个或两个家庭，以了解他们对儿童学习品质的看法。如果你有合作的同事，提前讨论关于学习品质的话题和问题，记住要接纳儿童的家庭文化，并避免使用专业的教育术语。思考一下，这些理念是怎样帮你做好学前教育工作的。

2. 关注在积极学习品质的某一个或多个维度发展困难的儿童。例如，也许这个孩子很容易分心，或难以坚持一项具有挑战性的任务，或对课堂活动不感兴趣，教师应该思考如何与家长进行交流。本章讨论的几点建议和其他资源都可供教师参考。你会希望达到什么样的结果？你将如何与家长建立真正的伙伴关系、共同促进儿童的发展呢？

3. 使用本章提到的原则和建议，计划一个或多个以学习品质为主题的家长会。如果可能的话，对计划进行实施和评估，或从同事那里获得一些关于计划的反馈。

第 10 章
产生变革的工具

　　三十个人正坐在会议桌边开会，新上任的州长要求他们对本州早期教育系统的共同愿景进行规划。这个项目由州长儿童办公室的一名资深议员主持。会议代表来自于：托儿所、家庭托儿所、学前班和开端计划委员会；高等学校；非营利性机构；家庭。

　　有一部分成员担心政府对幼儿早期读写能力的重视会阻碍幼儿社会性、情感、批判性思维和积极学习品质的发展。在会议的开幕式上，大会主席提出了这个议题，并要求工作小组讨论是否需要改变政府优先关注的幼儿发展领域，并达成团队共识；如果需要改变的话，应采取哪些措施，从哪些方面以及用什么工具来进行改变。

正如本章开篇的小插图所示，本章将带领教师去寻找课堂和家庭环境之外的影响儿童学习品质的方式。首先，在表 10.1 中，我回顾了一些已有研究，列出了一些有可能让儿童变得沮丧、消极的危险因素。之后，本章将提出有助于创建系统的、可持续变革的五种工具：第一，**一种变革理论（a theory of change）和实现变革的逻辑模型**；第二，**相关的、有说服力的研究**；第三，现任教师和未来的早期教育工作者的**职业发展**；第四，让公众更加关注学习品质的**有效宣传**；第五，**知识运用策略**可以增加将学习品质的相关知识整合进政策、时间和教师专业发展系统的可能性。

◆ 表10.1　关于影响幼儿学习热情与投入发展的危险因素的研究提示

- ◆ 从幼儿园到小学三年级，教师经常使用冗长的集体指令来强化儿童的机械学习。这些教学策略会导致儿童学习兴趣和投入度降低（NICHD Early Child Care Research Network，2005）。

- ◆ 亲密的师生关系会促进儿童对学习的坚持和热情，然而美国国家幼儿园研究中心（the National Prekindergarten Study）通过观察发现，活动中，幼儿直接与教师和其他成年人互动的时间少于总体被观察时间的三分之一（Clifford et al., 2005；Pianta et al., 2005）。

- ◆ 在家庭和学校里，对儿童成就的外部奖励似乎降低了学生的投入度和成就动机（Gottfried et al., 1994, 1998；National Research Council, 2003）。

- ◆ 早期教育项目中的课程和评价越来越多地受到州标准的影响，但明确将学习品质的发展纳入早期课程标准中的州还不到一半（Scott-Little et al., 2005）。

- ◆ 对入学时成绩落后或对学校有抵触心理的儿童来说，高风险测验的压力会对儿童的学习动机产生特别不利的影响（Kumar et al., 2002）。

- ◆ 少数族裔的儿童，尤其是男孩，在学习动机的发展上更有可能遇到障碍，因为课程及教学方法无法与他们的兴趣和互动方式产生联系（Barbarin, 2002；Graham & Taylor, 2002）。

本章目标

阅读本章后，你将能够更好地：

1. 评估对早期教育系统进行变革的需要，以便使所有儿童发展更多的积极学习品质。
2. 与他人合作来确定理想的幼儿发展结果，并计划达成目标的步骤。
3. 利用各种资源来创造可持续的变化。

一、工具1：一种变革理论和实现变革的逻辑模型

如果能够先确定幼儿发展的重点领域，那么州立工作小组将会发挥更大的作用。例如，小组成员们可能会赞成，对儿童来说最迫切的发展需要是学习欲望，这种内在动机是被好奇心和解决困难的欲望所驱使的。

哪些行动会影响本州幼儿的发展结果？回答这个问题将有助于阐释工作组提出的"变革理论"，这一理论是引导他们做出决策的前提假设和证据基础（Anderson, 2004；Organizational Research Services，2004）。也许，州立工作小组还可以从研究、从专业人员和儿童家庭的经历中寻求证据。这一调查有可能让州立工作小组相信：（1）亲子关系和师幼关系是实现幼儿发展结果的关键；（2）某些学前教育课程和教学方法也可能带来预期的激励效果。

州立工作小组还认为，目前本州正在实施的一些教育政策很可能阻碍他们取得想要的结果，例如学校的入学准备考试只关注少量的识字技能和数学技能。他们认为，新任州长可能将培养儿童的学习动机和在学习中的投入置于与入学准备同等重要的位置。最后，在最近的全州调查中，很多低年级儿童的家庭指出，他们的孩子对学校的兴趣没有增加，反而在减少。

根据这项分析，我们就能绘制出路径图或"逻辑模型"（Harris，2001），将所期望的结果（包括最终目标和短期影响）与具体的教学活动和策略相联系，以实现儿童积极学习品质的发展。例如，州立工作小组认为政策峰会是一个好办法，它可以将一些能够制定政策的州议员和相关人员召集在一起。

此外，州立早期教育机构也可以将学习品质作为年度专业发展会议的主题。这些只是举例，无论具体情况如何，建构这样一种逻辑模型是为了调整和协调活动，以达成良好的结果，并避免一些听上去好听、实则无法协调且无效的行动。表 10.2 为想要开发变革理论和逻辑模型的人列出了一些具体资源。附录 B 中的行动计划表也会帮助教师思考。

❖ **表 10.2　基本要点：开发变革理论和逻辑模型的网络资源**

◆ **变革理论。** 有一个由知识行动项目（Act Knowledge）和阿斯本社区变革研究所圆桌会议（The Aspen Institute Roundtable on Community Change）共同开发的网站，提供了项目管理的定义、在线工具和资源以及链接打印报告等内容。网址：http://www.theoryofchange.org/index.html

◆ **规划和评价资源中心。** 网站链接上有很多用于开发变革理论和逻辑模型的工具，也有关于共同体的例子。http://www.evaluationtools.org/plan–theory.asp

◆ **评估：请从这里开始！社区医疗健康工作者的评估工具包。** 此工具的开发得到了亚利桑那大学安妮·凯西基金会（Annie E. Casey Foundation）的支持，这个工具包包括一个非常实用的"逻辑模型开发指南"。http://www.publichealth.3rizona.edu/chwtoolkit/PDFs/Logicmod/logicmod.pdf

---

二、工具 2：相关的、有说服力的研究

如果没有研究证明哪些行动可以影响儿童学习品质的发展，那么州立工作小组将难以开发逻辑模型。正如我们所看到的，已有的大量研究中，关于学习品质领域的研究仍在很多方面存在不足。

（一）研究需要

这本书总结了学习品质的多种维度和组成要素。这类信息对那些尝试变革的人来说具有潜在的价值。然而，可能很难找到关于学习品质组成要素的研究，并且难以将这些要素进行整合。因为很多研究经常采用不同的名称来表述"学习品质"，而不仅局限于"学习品质"这一术语。此外，

儿童教育者、宣传者、教师教育者和其他从业人员难以接触到这类研究。与美国国家研究委员会在其他问题上的综合研究类似，关于学习品质的高水平、系统化的综述和逻辑架构研究对早期教育领域大有裨益。

虽然问题与学习品质相关的问题已有相当多的研究，但据我们所知，还有较大的差距。举例来说，我前面已提到过的，大多数关于学习品质的研究对象是白人、中产阶级的孩子和家庭。对于学习品质的研究应该多元化，应研究民族和种族群体之间的差异。也有对不同年龄儿童学习品质的研究。例如，在参与活动的过程中，富有动机和参与性的孩子很大一部分是小学生和中学生，而不是学前儿童。

那些负责规划和实施早期教育计划的教育工作者肯定希望看到更多关于如何有效评估儿童的热情和投入的研究（参见第8章）。很少有研究能够帮助任课教师或课程负责人理解儿童的学习品质，也很少能够帮助他们评估促进儿童学习品质发展的课程的有效性。

最后，关于学习品质的干预研究也比较少。虽然可以通过一些通用课程与教学研究推断出哪些课程方法和课堂实践能够有效地促进儿童的热情和投入，但一些经过效度检验的课堂干预措施，也正在涌现，这些措施已在诸如识字、数学或社交技巧等领域发展起来。

（二）明确研究重点

为了进行变革，研究人员必须改变研究的优先顺序以支持更重要的研究，并资助一些具有创新性且设计科学的研究，这些研究的结果对决策者如州立工作小组的成员是非常有价值的。为了使研究更加有效，这项工作需要实践者和政策制定者的共同呼吁与合作，当然双方都知道实施起来的困难，并清楚他们需要解决的问题。例如，州立工作小组可负责领导一些服务于移民和难民家庭的非营利机构。这些机构的领导必须明确它们为儿童服务的重点是什么，然而他们发现，移民儿童多来自于不同的文化背景，他们有很多都遭受过冲突和饥荒所带来的精神创伤，并且对这些儿童积极学习品质的培养还缺乏理论指导。在讨论未来的研究重点时，应更多地听取这些机构领导者的声音。

（三）研究的潜在方向

尽管存在着大量的研究需求，但在应用研究领域，一些新的研究方向仍有巨大潜力。例如，约翰·梵图佐及其同事正在开发一个基于证据的新课程，这个课程是为幼儿教师准备的，他们可用它解决特定的具体学习行为，包括忍受挫折、控制注意力、小组学习和完成任务（Fantuzzo et al., 2008；Rouse & Fantuzzo, 2008）。罗宾·麦克威廉在一项关于幼儿投入度的研究中，从对有特殊需要儿童的研究出发，提出了一些关于评估和支持幼儿课堂投入的具体且基于证据的建议（McWilliam & Casey, 2007）。在评估领域，他们（McWilliam & Casey, 2007）的研究也能帮助教师了解儿童自我调节能力和执行能力是如何发展的，以及这些能力是如何影响儿童之后的早期阅读、词汇和数学成就的。关于学习品质各类要素的研究填补了相关知识领域的空白，这对州立工作小组成员、宣传者、决策者、教师和专家来说都是一个好消息。

三、工具 3：教师专业发展的新方法

幼儿教师的专业发展已经成为广受关注的话题（Zaslow & Martinez-Beck, 2005）。很显然，高素质的幼儿教师可以对幼儿的发展产生积极影响。但我们不太清楚导致幼儿发展积极结果的关键因素是教师的学位还是专业发展的具体类型，或是两种因素皆有（Early et al., 2007；Winton, McCollum, & Catlett, 2007）。在本节中，我将关注内容和过程，并且关注职前教育和在职教育，以检验如何才能使教师的专业发展成为改变学前儿童学习品质的工具。

（一）内容

一般情况下，在教师的职前教育和在职教育中，学习品质并不是关注的重点内容。尽管人们日益认识到儿童学习品质的重要性，并且认识到教师会影响儿童学习品质的发展，但很少有教师培训关注到教师这一方面的

发展和培养。诚然，在专业发展的过程中，教师通常会强调幼儿社会性和情感的发展，但即使在这两个领域，教师也不是很清楚该如何有意识地促进幼儿的积极发展（Shonkoff & Phillips, 2000）。同样，当教师关注认知及学业成就时，通常关注的重点是幼儿应该学习什么，以及如何帮助他们学习这些内容，而不关注应如何培养幼儿的热情和投入。

（二）过程

在州立工作小组和其他项目的工作中，在教师专业发展培训中强调学习品质是非常有价值的。然而，在专业发展培训中，"过程"至少应得到与内容同等的关注。很多人批评学前教育专业发展和一般的教师培训过于依赖支离破碎的、一次性的工作坊，教师不能获得关于人们如何学习的最新研究成果，而且对教师的实际工作也没多大作用（Bransford, Brown, & Cocking, 1999；Winton et al., 2007）。例如，在第一次会议上，州立工作小组获悉，NAEYC 打算将"学习品质"作为教师专业发展会议的主题，这是振奋人心的，但仅仅靠会议并不会改变教师的实践。如果工作小组可以鼓励 NAEYC 让实践者也成为会议的成员，并且增加有效的后续指导、培训或咨询（也许州长办公室能提供其他支持），那么很可能儿童早期教育项目的做法会在实质上改变他们的实践，并且这些变化会保持下去。

前面的意见和建议同时适用于教师职前和在职的专业发展。但是，具体问题需具体分析，下面我们将就职前教育和在职培训的问题分开进行讨论。

职前培养问题。很大程度上，教师职前培养的内容与过程是由国家和州立标准所决定的，这些专业标准对未来的学前教育工作者应该知道什么以及能够做什么进行了规定。NAEYC 的幼儿教师专业标准一直都具有影响力，特别是国家教师教育认证委员会（NCATE）指定的国家公认的高等教育计划和认证标准，对教师的职前培训具有重要影响（Hyson, 2003；Hyson & Biggar, 2005）。虽然《儿童学习与发展标准》（*Child Development and Learning*）在标准 1（儿童发展与学习）的叙述性讨论中指出，"幼儿的特点和需要"包括他们的"学习过程和学习动机"，但这些标准本身并没有明确提及学习品质（Hyson，2003，p.30）。值得期待的是，标准的修订版本将进一步强调教师在这个领域的能力，强调教师获得适宜的学习机会的需要，并且强调评估准教师在支持儿童热情度和投入度方面的能力的重要性。

除了关注幼儿教育专业准备的标准，师资队伍的建设还需要加强职前教育。最新网络调查显示，许多在幼教系统工作、持有副学士学位和学士学位①的教师缺乏最新的理论知识，并且他们的专业发展也缺乏支持（Hyson, Tomlinson, & Lutton, 2007）。虽然调查没有明确提及学习品质，但教师的知识缺口可能也包括关于学习品质的最新研究。

除了要获得关于学习品质的专业理论知识，职前教师也需要加强实践经验，学会观察儿童的学习品质，能够开发不同的课程和教学方法以培养儿童的热情和投入，并能对课程和教学效果进行评价。当职前培训项目评估这些教师对儿童学习的影响时（国家教师教育认证委员会的认证要求），评价的内容应包括教师对幼儿的兴趣、投入度、专注性、坚持性、自我管理以及学习品质其他方面的影响。

在职培训问题。正如职前课程以国家和州立标准为导向一样，在职培训课程也越来越受到州立早期学习标准的影响，并受到各州幼儿教师能力标准和专业发展计划的影响（Scott-Little, Lesko, Martella, & Milbum, 2007）。有一些州在早期学习标准中明确提出应关注学习品质，内布拉斯加州（Nebraska）就是其中的代表，它强调通过促进在职教师的专业发展以推动幼儿学习品质的发展。与此相反，那些不太强调学习品质的州不会在它们的专业发展计划中过多地关注这一领域。然而，学习品质的内容也有机会纳入到州立教师专业发展体系中，并且州立工作小组也会积极地支持这一行为。

当各州准备将学习品质纳入到教师的在职培训时，还应考虑到教师的多样性。通常在典型的以社区为基础的培训中，教师的多样性不仅是指教育背景和经验的多样化，还包括文化和语言的多样化。具有多元文化背景的教师对儿童的积极学习品质是如何表现的有不同的观点。他们也有可能对如何支持儿童的热情度和投入度的发展提出各自不同的意见。有效的在职教育必须尊重这些差异，引导教师进行反思性的、促进性的对话，并获得实践智慧。

① 副学士学位：在美国指修完两年大学课程而获得的学位，相当于中国的大专学历。学士学位指修完四年大学课程所获得的学位。——编辑注

四、工具4：有效宣传

正如第4章和表10.1所描述的，影响儿童积极学习品质的很多风险因素源于忽略甚至破坏儿童热情度和投入度的公共政策。为了减少这些风险，并创造新的机会，有效的宣传是必要的（Robinson & Stark, 2005）。

什么是宣传？有些人想当然地认为所有的宣传都发生在联邦政策层面，这些政策能影响美国国会或白宫做一些不同寻常的事情。有时情况确实如此，但其他级别的宣传也同样有效。个人也可以对学习品质进行宣传。例如，当一位早期教育工作小组的成员与随行的项目主管一起喝咖啡时，他们也可以一起讨论儿童的快乐学习，以及项目主管能够做些什么。有时候，工作小组可能觉得商业团体没有足够的参与，于是请求加入商会或者企业圆桌会议，以听取商界对于工作小组计划的反馈，这时候私营商业部门的宣传也非常有效。

在学习品质领域，宣传的焦点和问题可能是什么？显然，在不同的时间和地点会有所不同。下面是一些可能的议题。

◆ 学习品质这一领域在本州的早期学习标准中是否存在。

◆ 学习品质在州立幼儿教师专业发展计划以及更高教育系统中的地位。

◆ 当地教育项目中对儿童的评估方式是什么？这些评估是否关注到学习品质以及是否使用了适宜的评估方式？

◆ 在制定早期学前课程和教学策略时，是否会考虑到学习品质的影响因素？

这些议题可以通过多方宣传，如对个人、商业部门、公共政策的宣传，在地方、州或国家层面得到关注。使用本章前面介绍的方法来建构一种逻辑模型将能够帮助我们聚焦于想要的结果和已确定的行动（在这里就是宣传），进而完成那些预期目标。

无论是哪种形式的宣传，都有必要设立一些需要贯彻执行的核心原则。花时间订立这些关键原则很有价值，但还需要让核心小组和不同类别的读者对这些关键原则表述的有效性进行检验。表 10.3 给出了一些关于学习品质核心原则的例子。

◆ **表 10.3　基本要点：关于学习品质的关键信息**

◆ 学习品质是用来说明儿童的学习态度和行为，而不是儿童学了些什么。

◆ 学习品质既包括了儿童对学习的热情（例如学习的兴趣、快乐和动机），也包含了他们对学习的投入（如他们的注意力、坚持性、灵活性及自律性）。

◆ 儿童在早期就开始发展这些特征，甚至在童年早期就体现了这些方面的巨大区别。

◆ 这些区别会影响儿童的入学准备以及在学校的学业成就。

◆ 儿童在家或在学前教育项目中的经历可能会强化或破坏他们的积极学习品质。

◆ 学前教育项目可以通过人际关系、课程、项目环境和教学实践、适宜的评估及家庭参与来促进儿童的积极学习品质。

◆ 可持续的、系统范围的政策和实践变化对于建立儿童的积极学习品质是必要的。

宣传者开始理解用某些方式制定议题的不同。框架研究所（the FrameWorks Institute）也在积极地帮助各组织思考如何建构他们的关键议题，以及用不同的方式建构议题时人们的反应。例如，框架研究所的工作人员发现，尽管有大量的宣传与呼吁，但大多数人依然无法理解儿童发展科学中关于入学准备的知识，也不理解入学准备的重要性（Aubrun & Grady, 2002）。在建构议题时，宣传者可以创造一些清晰且简单的信息和工具，使公众更有可能参与变革，产生积极的改变。根据这些建议，一些简单的信息，如幼儿拥有兴趣和动机为什么重要，就可能与父母及其他利益相关者产生有效的联系。

五、工具 5: 应用学习品质知识的策略

正如拜斯和韦斯利（Buysse & Wesley, 2005）所总结的，"循证实践"（evidence-based practice）将最容易获得的研究成果与专业知识、理念、

家庭及实践者进行了整合。这在学习品质领域及其他领域都是正确的。但是，儿童发展和教育研究方面的学者们越来越意识到，单独的循证实践不足以促进政策和实践上的改变（Huston, 2005；Shonkoff, 2000）。最新的相关实践研究表明，无论是在公共健康、心理健康、教育还是其他领域，大多数被记录在案的干预措施都不会仅仅因为研究显示它们"能够起作用"而被有效地使用（Fixsen, Naoom, Blase, Friedman, & Wallace, 2005）。如果州立工作小组只用这个策略（例如，仅仅为优秀的学习品质政策和实践出版一些指导方针），他们将会对结果感到失望。

解决方法是什么？没有捷径可循，但越来越多的工作，如知识运用、知识传递、知识交流和实践研究，为我们提供了解决方向。比如，有研究者指出（Bogenschneider & Gross, 2004；Cohn, 2006），政策制定者不太会把孤立的研究结果看作各学派对某一具体问题的看法。为什么幼儿的热情和投入非常重要，如何培养幼儿的此类态度和行为，诸如此类的知识可能只是某一学派的观点，但它可以帮助决策者理解他们所面临的复杂问题。使用这种方法，研究者可以使人们意识到幼儿生活的哪些领域发展得不够好，并提出一些促进幼儿发展的方法。

麦凯布（McCabe, 2007）指出，让此类知识向政策施加影响的一个潜在有效方法是创造一些类似于"家庭影响研讨会"的平台。在这样的平台上，立法机构或其他决策者可以与相关家庭研究建立联系（Bogenschneider, Olson, Linney, & Mills, 2000）。研讨会的计划及后续的报告会包含一些关于特殊需要的反馈信息，研讨会上的研究者、决策者和参与者也会关注到学习品质的很多方面（或用更接地气的表达，关注儿童的热情和投入）。

六、回顾与展望：最终思考

在《热情投入的主动学习者——学前教育中的学习品质及培养》一书中，我已经试着传递儿童学习品质的重要意义和许多可以提升儿童热情度与投入度的实践策略。按第 3 章所介绍的生态圈，我由关注幼儿个体的特征转变到关注早期教育机构的课程、教学方法和评估方式；又转变到关注家庭；最后关注到能够促进系统变革的大环境。现在，我会对幼儿自身做一个最后的回顾。

纵观这本书，我着重强调，我们对于学习品质所做出的努力必须满足全体儿童的需要，无论他们具有什么样的文化背景、能力和身体缺陷。尤其重要的是，教师应记住，最需要积极学习品质的儿童通常是那些快要丧失信心或游离在活动之外的儿童。如果这种负面模式从幼年就开始了，它很容易导致一个恶性循环：兴趣减少，学习积极性降低，坚持性与自我调节能力减弱，结果将导致学业失败风险的增加。

但是，在我们的帮助下，所有的孩子都能积极地参与到学习中。我希望这本书可以增强我们发展幼儿学习品质的共同愿景，即孩子们的学习品质将给他们带来快乐，并会促进幼儿未来更加高效地学习。

 思考、讨论与行动

1. 与一些同事一起，尝试使用变革理论或逻辑模型框架来制订改变儿童学习品质的计划。教师可以确定一些具体的短期学习和长期学习成果，并规划有可能实现这些成果的活动。

2. 再次与他人一起，尝试着对学习品质进行宣传，这可能是个人宣传、政策宣传（在地方、州或者国家层面），以及对商界或其他私营部门团体的宣传。使用本章中建议的资源来提升你的宣传技能。

3. 如果信息资源对你的工作很重要，表 10.3 中可能有你需要的关键信息，并将这些信息提供给不同的听众或潜在的利益相关者。

4. 有哪些机会可以将学习品质纳入教师的职前教育或在职培训的专业发展？这取决于你自身的情况，你可以选择一个领域进行重点关注。你会涉及什么样的内容，专业发展的进程将是怎样的？什么样的资源将是教师培训者或培训在职教师专业发展的专家所需要的？

附录 A
儿童学习品质发展变化连续表 [①]

　　研究表明，如果在开始上学时儿童已经具有一系列强烈的态度和技能来帮助他们"学会学习"，他们将能更好地利用教育机会。当某些学习技能自然而然地在儿童身上成熟时，通过提供支持性的环境便可以发展其他能力。

---

① 改编自"儿童发展跟踪：学习品质"（Child development tracker: Approaches to learning），《PBS 儿童发展之父母指南》（*PBS Parents guide to child development*），见网址：http://www.pbs.org/parents/childdevelopment/.（2008-03-05），本书使用已得到 PBS（Public Broadcasting Sersive）的授权。

学习品质

	1—2岁	2—3岁	3—4岁	4—5岁	5—6岁
概述	一岁儿童在行动中探索世界。他们积极使用各种感官目的地探究身边的一切。他们寻找让事物发生及完成简单任务时的快乐。他们也很乐意与成人分享有趣的学习经验，可能会用手势和简单的声音、语词问大人一些问题。由于语言技能还在发展中，所以一岁孩子更多依赖非语言的、身体的技能来完成简单目标。	两岁儿童喜欢用感官探索世界，能用试错的方式解决简单问题。为了掌握一个事物，他们需练习很多次，但能完成简单的任务。具体期的任务。他们的语言技能开始萌芽，学习愿望迅速发展，提出许多"为什么""是什么""怎么样"的问题。这个年龄最典型的特征是开始用熟悉的物体和情境在假想游戏中处理他们的经验。	三岁儿童更加明白他们想要什么，更会表达自己的喜好。在游戏时，他们更能排除干扰，集中完成手头的任务。他们甚至能坚持完成一点难度的任务。学习利用感官通过操作活动来实现的。日益增长的语言技能使得他们可以提出讨论的问题并能在解决问题时有条富有创造力地进行思考。	四岁儿童学习时，有更强的自控力和创造力。他们的假想游戏更为复杂，更有想象力，能够持续较长时间。他们也能做计划，然后完成计划。四岁儿童尝试新的经验，他们也希望更加自主，寻求扩展他们的生活领域，成为独立的决策者。	五岁儿童是富有创造力的，热情的问题解决者。他们在如何完成任务、做事情，解决长期或复杂挑战成上有了进步，能提供更有想象力的点子。当体验不同的新经验时，五岁儿童更会分析问题，权衡选择。当他们学习新事物，爱上与他人一起进行的新游戏时，他们的社会性也更加发达。

主动性、参与性和坚持性

| 做出决策 | 表示喜欢什么时用非语言的或简单的语言（例如：指着一个苹果，推开香蕉）。 | 能在喜好基础上做出选择（例如，玩具，衣服，食物，游戏），有时做出不同于成人的选择（例如：儿童说，不要夹克，要帽子）。 | 当选择更喜欢的活动或同伴时变得更加主动（例如，今天早上，儿童说，我今天想同卡尔去朵米尔家里玩儿）。 | 做决策的领域进一步扩展（例如，今天，儿童可能会说，能花一点时间和我打算在积木区玩乐高玩具）。 | 有意做出选择，并会权衡利弊（例如，儿童思考是和妈妈一点同去商店还是留在家里帮爸爸）。 |

续表

	1~2岁	2~3岁	3~4岁	4~5岁	5~6岁
专注	能集中关注有趣的声音或图像，经常与成人共享经验（例如，坐在爸爸的腿上看图画书）。	增强了保持注意的能力，特别是当注意直接影响一个活动时（例如，重复堆砌积木，又把它们推倒）。	可以集中注意力较长时间，即使有干扰也无所谓，只要游戏是适宜这一年龄的、有趣的（例如，即使开着电视，也可以不断思考，玩木质拼图）。	集中注意力的能力增强，可以忽略更多干扰和打扰（例如，在幼儿园里，即使有孩子在旁边说话，边说边画一幅作品，也可以集中于画一幅作品，然后说"我一会儿再和你玩儿，我要先完成这个"）。	可持续地集中于一个项目较长时间（例如，将一整天的时间都花在用椅子和毯子搭建一个复杂的堡垒，用道具和象征物品完成，在受到打扰后，可以再回归到游戏中。
坚持性和独立完成任务	乐于完成简单的任务（例如，把衣服放进桶里，全部放进后，微笑、拍手）。	完成自己选择的、明确的任务。喜欢玩一个游戏很多次，直至熟练掌握（例如，反复把冰箱贴粘贴在冰箱上或拿走）。	能坚持完成多种任务和经验。即使任务有一定难度，也能坚持工作直至完成（例如，坚持完成一个有挑战性的木制拼图）。	完成任务的能力得到加强，尤其是完成那些更长期的、具体的任务的能力增强（例如，一直到其他的持续跟踪，一直到日程上日程生日等）。有较强的能力设定目标和跟踪的能力设定计划（例如，儿童说，我要检起所有的枝条，然后他一直坚持做完）。	在监督下能在长期的、复杂的项目上坚持下来。可以接续完成一天的活动，继续完成任务。使用自言自语和其他策略来帮助成人完成困难任务和安排的作业（例如，学校作业是做一本字母书）。
自我帮助和独立学习	逐渐尝试生活自理活动（例如，穿衣、吃饭、梳洗）。当与成人一起阅读时，想抓住书或者想自己翻页。用感官收集自己身边的一切信息。	越来越对独立完成固定生活自理感兴趣（例如，在晚餐前将餐巾放好）。	扩展能够独立完成的生活自理能力范畴（例如，自己穿衣服、吃饭、穿脱衣服、梳洗）。可能会拒绝成人的帮助（例如，一遍一遍地穿毛衣，当妈妈想帮忙时推开她的手）。	越来越喜欢进行独立的选择，表现出自信（例如，自己选择衣服、食物和桔子等）。	自己选择学习任务，并能为自己的自理能力上表现出兴趣和能力（例如，拉夹克拉链、准备小吃）。

续表

	1—2岁	2—3岁	3—4岁	4—5岁	5—6岁
好奇心和学习热情					
参与不同活动	积极参与不同的感官体验（例如，摸、尝、拍、摇）。	由于体能的发展和认知能力的提升，可以参与更为广泛的活动（例如，探索户外操场设备，攀爬岩石，调查厨房壁橱内的物品，翻阅房图书）。	持续寻找并参与感官体验活动及其他活动（例如，一起玩，听故事，与朋友一起参观）。	要求参与观察到的，别人在玩的新活动（例如，会说，杰克去钓鱼了，我可以去吗?）。	尝试更为广泛的新活动，有独自玩的，有和同伴一起玩的（例如，与祖父母一起学习像哥哥姐姐努力学习新钢琴），在学习新技能时愿能冒险。
提问	在从成人处获取信息时，通常指着感兴趣的物体，做出疑惑的表情，发出声音，或者说一个字，在一岁半之后，会用一些字词来提出简单的问题（例如，说"那是什么?""谁来?"）。	对于不同的景象、声音和游戏，可能指着许多物体，发现让事物感兴趣的表情，做出疑惑的"什么""怎样"的问题（例如，问"妈妈为什么哭?"）。	继续提出大量问题，而且问题在语言上变得更为复杂（例如，"我们怎样去哪家?"）。	除了问现在和当下的事情，还问一些关于未来事情的问题（例如，"我们什么时候再去哪娜家?"）。	问更高水平的问题（例如，"如果我们没有食物将会发生什么?"或者"为什么鸡蛋会生我的气?"）。
渴望学习	在探究物体和其他东西时表现出身体和语言上的快乐。能发现让事物发生的乐趣（例如，检起许多铃铛，摇晃它们，当每一次声音听起来不一样时，然后高兴地笑）。	在每天的探索中表现出持续的热情和快乐。享受解决简单问题的过程（例如，在试了几次成功戴上自己的帽子，然后高兴地跳上跳下）。	愿意尝试新的挑战（例如，尝试给洋娃娃穿衣服，或者把一个新的玩具组合在一起）。	开始对学习字母，形状和数字表现出更多的热情（例如，在和爸爸看一本书时，指着一个里面有字母S！这个字的字，说："S！这个字母我名字里有，那个字母是什么呢?"）。	对学习新技能表现出越来越多的语言和非语言的热情，新技能包括学术技能（例如阅读，书写）和身体技能（例如骑自行车）。

续表

	1—2岁	2—3岁	3—4岁	4—5岁	5—6岁
推理和问题解决					
灵活性和变通性	尝试用不同的身体策略来表达简单的目标（例如，当推一辆购物车过门被卡住时，会把购物车换一个别的方向，重新再试）。	在使用语言和身体方法解决问题时方法更加系统，但是可能会卡在某个方面，尝试用各种方法来收起一组相变大小的杯子，但可能很难让小杯子以找到一个大杯子以放进去）。	在问题解决和考虑应用替代物方面逐渐变得灵活（例如，任穿鞋的时候，自言自语先做什么。如果鞋子不容易穿在脚上，或试会试另一只脚）。	更加灵活且可以吸收不同的资源来解决问题（例如，努力用积木建一个大的建筑，但建筑一次失败之后，尝试建造一个更大的地基。或许还会观察别人怎样搭建）。	越来越会思考问题的多种解决方案。可以使用不同的方法来解决长期的，更抽象的挑战（例如，计划如何在一个下雨天和朋友们一起玩时，思考如何安排挟小的空间）。
寻求帮助	在遇到困难时使用动作手势和简单语言寻求帮助（例如，在尝试坐上更大的椅子时，用胳膊缠住任务爸爸，说："上，上！"）。	继续扩展语言的帮助功能，但可能在需要帮助时拒绝帮助（例如，当努力尝试让一辆小车停入车库时，可能说："我需要帮助！"然后又在成人提供帮助时说："我自己来吧！"）。	在完成一些有挑战性的任务时，逐渐会从那里寻求帮助（例如，"你能帮我做这个饼干吗？"）。	不只从成人那里寻求帮助，还会从同伴那里寻求帮助。能更好地理解需要什么类别的帮助（例如，"你能握住绳子的这一端吗，好让我把这个系上？"）。	更准确地分析复杂问题，识别需要帮助的类型（例如，"我想我知道如何玩这个游戏，但是你需要帮助我开始。然后我就可以自己玩了。"）。
思考技能	用早期语言技能和感官探索来发现世界的不同方面（例如，把一个塑料桶转来转去，用手举起提手又放下去）。	在识别问题和解决问题方面能力增强，包括试错（例如，翻来翻去，试着把一个大枕头放进一个小收纳箱；终于把枕头折叠起来放进去了）。	思考更加系统。从与成人、同伴的对话和身体探索中学习。	理解抽象概念的能力增强，特别是他的思考被使用材料的身体互动所支持（例如，有条不紊地把沙倒进有不同测量杯里，看一看、评论量的多少）。	从支持更抽象思维发展的操作性游戏中持续获得进步（例如，做一本关于去年的夏季旅行的书，列入参观的每个景点，用绘画说明，并在成人帮助下标识书写）。

续表

	1~2岁	2~3岁	3~4岁	4~5岁	5~6岁
创造和想象					
假想想象力	用简单的替代物假设一个物体真的是另一个物体(例如,拿起一块积木,把它当电话使)。	参与到用熟悉的物体和情境布置的简单假想游戏中(例如,把洋娃娃放在床上,给她盖上毯子)。	和其他小朋友玩假想游戏的能力增强(例如,假装和朋友在厨房,请他吃"饼干")。在假想游戏中会担任熟悉的角色(如爸爸或妈妈)。	参与更为持久、更复杂的假想游戏(例如,和几个小朋友创设一个大场景,假装去许多地方旅游)。在假想游戏中的角色扩展了,与真实世界关系更小了。	任更为持久、更复杂的假想游戏中与其他小朋友合作,承担复杂情境中的复杂剧情角色(例如,在一个故事情境中扮演狮子、猎人、管教者等角色)。
创造性	以新的、始料未及的方法使用物体,艺术材料和玩具(例如,把浴巾从壁橱里取出来,搭在椅子边上,任板上粘贴纸时,把纸揉成有趣的形状)。	以新的、始料未及的方法使用物体、艺术材料和玩具(例如,把浴巾从壁橱里取出来,搭在椅子边上;任板上粘贴纸时,把纸揉成有趣的形状)。	用语言和实物创造性地游戏。在一系列情境中表达多种想法(例如,在小的塑料动物创造有趣的场景;把错字串成一排,如Mommy, nommy, sommy, tommy)。	就如何做事,怎样从一处到达另一处创造性的、不寻常的观点。(例如,说,"我有一个极好的点子!咱们到厨房去吧。")	就如何完成任务,如何做事,怎样从一处到达另一处提供越来越富有创造性的不寻常的观点(例如问,"咱们用这些旧箱子来做一个宇宙飞船吧!涂料任哪里?")。

创
造
和
想
象

创表

附录 B
行动计划表

　　行动计划表与本书第 2 章介绍的有证据证实的"支持积极学习品质的工具"相关。使用这个表格，首先需要通读工具清单，核对一下你最优先关注的行动。之后标注出完成优先关注行动所需要的具体步骤，可以使用本书作为参考资料。当你采取这些步骤的时候，提前列出可能需要的资源也对你很有帮助。这些资源可能是物质资源、补充阅读材料、某些领域的专业发展，或培训和指导你的专家等。最后，你可以在表中记录自己的进步。

　　欢迎你复印行动计划表以供自己、学生或同事使用。你也可以在教师学院出版社的网站上下载免费的、可打印的行动计划表：www.tcpress.com。

　　祝你一切顺利，并感谢你为每一个孩子成为更加热情、投入的学习者所做出的努力和承诺。

行动计划表

促进幼儿积极学习品质的工具	优先关注	实现优先关注所需的行动	所需的资源（人员、专业发展、物资）	发展记录
1. 与所有儿童建立亲密关系的工具				
寻找一些能加强与儿童个别联系的方法				
为儿童营造一种共同体的感觉				
2. 发现和使用更高效课程的工具				
分析各种课程模式对儿童学习品质的关注				
调整已使用的课程方案，加强其对学习品质的关注				
寻找并考虑使用那些将具体目标指向学习品质的课程方案				
3. 促进积极学习品质发展的教学工具				
创设能够让儿童热情、投入地学习的班级环境				
有意识地使用能支持积极学习品质发展的教学策略				
4. 评估儿童学习品质的工具				
发现一些常用的评估学习品质的工具				
发现和使用更具体的学习品质评估方案				
使用评估的结果制订计划，以加强儿童在学习中的热情、投入				

续表

促进幼儿积极学习品质的工具	优先关注	实现优先关注所需的行动	所需的资源（人员、专业发展、物资）	发展记录
5. 发挥家庭力量的工具				
与所有家庭形成互相尊重、互惠互利的友好关系				
针对学习品质这个话题，寻找一些与家长进行谈话的方法				
与家长分享实践理念，使他们可以支持儿童热情度和投入度的提升				
6. 进行变革的工具				
开发一种变革理论和逻辑模型，以实现系统化的变化，这样可以支持儿童学习品质的发展				
参与到学习品质相关研究的发起，寻找和使用用过程中				
形成有效的教师专业发展，以帮助早期教育实践者了解并促进儿童对学习的热情和参与				
对政策和资源的宣传将会促进所有儿童积极学习品质的发展				
吸收各种观点，从新领域知识的运用和实践研究，到如何更有效地将学习品质研究与政策、实践相联系				

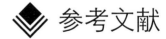 参考文献

Anderson, A. A. (2004). *Theory of change as a tool for strategic planning: A report on early experiences.* The Aspen Institute. Retrieved February 25, 2008, from http://www. theory ofchange.org/tocll_final4 .pdf

Arend, R., Gove, F. L., & Sroute, L. A. (1979). Continuity of individual adaptation from infancy to kindergarten: A predictive study of ego-resiliency and curiosity in preschoolers. *Child Development, 50(4),* 950–959.

Aubrun, A., & Grady, J. (2002). *What kids need and what kids give back: A review of communications materials used by early childhood development advocates to promote school readiness and related issues.* Washington, DC: Frame Works Institute. Retrieved February 25, 2008, from http://www. frameworksinstitute.org/products/CL-PackMats8191 .pdf

Baratta-Lorton, M. B. (1978). *Workjobs II: Number activities for early childhood.* New York: Pearson Learning.

Barbarin, O. (2002). Ready or not! African American males in kindergarten. In B. Bowman (Ed.), *Love to read: Essays in developing and enhancing early literacy skills of African American children* (pp. 1–15). Washington, DC: National Black Child Development Institute.

Barnett, D. W., Bauer, A. M., Ehrhardt, K. E., Lentz, F. E., & Stollar, S. A. (1996). Keystone targets for changes: Planning for widespread positive consequences. *School Psychology Quarterly, 11,* 95–117.

Barrett, K. C., Morgan, G. A., & Maslin-Cole, C. (1993). Three studies on the development of mastery motivation in infancy and toddlerhood. In D. J. Messer (Ed.), *Mastery motivation in early childhood: Development, measurement, and social processes* (pp. 83–108). New York: Routledge.

Blair, C. (2002). School readiness as propensity for engagement: Integrating cognition and emotion in a neurobiological conceptualization of child functioning at school entry. *American Psychologist, 57,* 111–127.

Blair, C., Zelazo, P. D., & Greenberg, M. T. (2005). The measurement of executive function in young children. *Developmental Neuropsychology, 28,* 561–571.

Blinco, P. M. A. (1992). A cross-cultural study of task persistence of young children in Japan and the United States. *Journal of Cross-Cultural Psychology, 23(3),* 407–415.

Bluestein, J. (2001). *Creating emotionally safe schools: A guide for educators and parents.* Deer-field Beach, FL: Health Communications.

Bodrova, E., & Leong, D. J. (2007). *Tools of the Mind: The Vygotskian approach to early childhood education* (2nd ed.). New York: Prentice Hall.

Bogenschneider, K., & Gross, E. (2004). From ivory tower to state house: How youth theory can inform youth policy making. *Family Relations, 52,* 19–25.

Bogenschneider, K., Olson, J. R., Linney, K. D., & Mills, J. (2000). Connecting research and policymaking: Implications for theory and practice from the family impact seminars. *Family Relations, 49,* 327–339.

Bohn, C. M., Roehrig, A. D., & Pressley, M. (2004). The first days of school in the classrooms of two more effective and four less effective primary-grades teachers. *The Elementary School Journal, 104(4),* 269–287.

Bowman, B. T., Donovan, M. S., & Burns, M. S. (Eds.). (2001). *Eager to learn: Educating our preschoolers.* Committee on Early Childhood Pedagogy, National Research Council. Washington, DC: National Academies Press.

Bransford, J. D., Brown, A. L., & Cocking, R. R. (1999). *How people learn:*

Brain, mind, experience, and school. Washington, DC: National Academies Press.

Bredekamp, S., & Copple, C. (Eds.). (1997). *Developmentally appropriate practice in early childhood programs.* Washington, DC: National Association for the Education of Young Children.

Bronfenbrenner, U. (1978). *The ecology of human development.* Cambridge: Harvard University Press.

Bronfenbrenner, U. (2000). The ecology of developmental processes. In W. Damon & R. M. Lerner (Eds.), *Handbook of child psychology: Vol. 1. Theoretical models of human development* (5th ed., pp. 993–1028). New York: Wiley.

Bronfenbrenner, U., & Morris, P. A. (2006). The bioecological model of human development. In W. Damon & R. M. Lerner (Eds.), *Handbook of child psychology: Vol. 1. Theoretical models of human development* (6th ed., pp. 793–828). New York: Wiley.

Brophy, J. E. (2004). *Motivating students to learn* (2nd ed.). Mahwah, NJ: Eribaum.

Broussard, S. C., & Garrison, M. E. (2004). The relationship between classroom motivation and academic achievement in elementary-school-aged children. *Family and Consumer Sciences Research Journal, 33(2),* 106–120.

Burchinal, M. R., Peisner-Feinberg, E., Pianta, R. C., & Howes, C. (2002). Development of academic skills from preschool through second grade: Family and classroom predictors of developmental trajectories. *Journal of School Psychology, 40(5),* 415–436.

Buysse, V., & Wesley, P. W. (Eds.). (2005). *Evidence-based practice in the early childhood field.* Washington, DC: Zero to Three.

Cameron, C., McClelland, M., Connor, C., Jewkes, A., Farris, C., & Morrison, F. (in press). Touch Your Toes! Developing a behavioral measure of preschool self-regulation. *Early Childhood Research Quarterly.*

Carle, E. (1969). *The very hungry caterpillar.* New York: Penguin.

Casey, A. M., & McWilliam, R. A. (2007). The STARE: The Scale for Teachers' Assessment of Routines Engagement. *Young Exceptional Children, 11(1)*, 2–15.

Center on the Social and Emotional Foundations for Early Learning. (2008). A pyramid model for supporting social and emotional competence in infants and young children. Nashville, TN: Vanderbilt University. Retrieved February 25, 2008, from http://www.vanderbilt .edu/csefel

Chalufour, I., & Worth, K. (2003). *Discovering nature with young children* (Young Scientist Series). St. Paul, MN: Redleaf Press.

Chalufour, I., & Worth, K. (2004). *Building structures with young children* (Young Scientist Series). St. Paul, MN: Redleaf Press.

Chalufour, I., & Worth, K. (2005). *Exploring water with young children* (Young Scientist Series). St. Paul, MN: Redleaf Press.

Chard, S. (1998). *The Project Approach: Making curriculum come alive* (Book 1). New York: Scholastic.

Chen, J. Q., & McNamee, G. (2007). *Bridging: Assessment for teaching and learning in early childhood classrooms.* Thousand Oaks, CA: Corwin Press.

Childs, G., & McKay, M. (2001). Boys starting school disadvantaged: Implications from teachers' ratings of behaviour and achievement in the first two years. *British Journal of Educational Psychology, 71(2)*, 303–314.

Clifford, R. M., Barbarin, O., Chang, F., Early, D. M., Bryant, D., Howes, C., et al. (2005). What is pre-kindergarten? Characteristics of public pre-kindergarten programs. *Applied Developmental Science, 9(3)*, 126–143.

Cohn, D. (2006). Jumping into the political fray: Academics and policy-making. *IRPP Policy Matters, 7(3)*, 1–31.

Csikszentmihalyi, M. (1990). *Flow: The psychology of optimal experience.* New York: Harper and Row.

Curtis, D., & Carter, M. (2003). *Designs for living and learning: Transforming early childhood environments.* St. Paul, MN: Redleaf Press.

de Kruif, R. E. L., & McWilliam, R. A.(1999). Multivariate relationships among developmental age, global engagement, and observed child engagement. *Early Childhood Research Quarterly, 14(4),* 515–536.

de Kruif, R. E. L., McWilliam, R. A., Ridley, S. M., & Wakely, M. B. (2000). Classification of teachers' interaction behaviors in early childhood classrooms. *Early Childhood Research Quarterly, 15(2),* 247–268.

Delpit, L. (2006). *Other people' s children: Cultural conflict in the classroom* (2nd ed.). New York: New Press.

Diffily, D., & Morrison, K. (1996). *Family-friendly communication for early childhood programs.* Washington, DC: National Association for the Education of Young Children.

Diffily, D., & Sassman, C. (2002). *Project-based learning with young children.* Portsmouth, NH: Heinemann.

Dilcher, A. F., & Hyson, M. (1997, April). *Influences on the activity engagement of young children with and without disabilities: Adult emotion and activity type.* Poster session presented at the biennial meeting of the society for Research in Child Development, Washington, DC.

Division for Early Childhood. (2007). *Promoting positive outcomes for children with disabilities:Recommendations for curriculum, assessment, and program evaluation.* Missoula, MT: Author.

Dodge, D. T., & Bickart, T. S. (2002). How curriculum frameworks respond to developmental stages: Birth through age 8. In D. Rothenberg (Ed.), *Issues in early childhood education:Curriculum, teacher education, and dissemination of information. Proceedings of the Lilian Katz Symposium* (pp. 33–41). University of Illinois at Urbana-Champaign: Early Childhood and Parenting Collaborative.

Dodge, D. T., Colker, L. J., & Heroman, C. (2002). *The creative curriculum for preschool* (4th ed.). Washington, DC: Teaching Strategies.

Dolezal, S. E., Welsh, L. M., Pressley, M., & Vincent, M. (2003). How do grade-3 teachers motivate their students? *Elementary School Journal, 103,* 239–267.

Dweck, C. (2000). *Self-theories: Their role in motivation, personality, and development.* London:Taylor and Francis.

Early, D. M., Maxwell, K. L., Burchinal, M., Alva, S., Bender, R., Bryant, D., et al. (2007). Teachers' education, classroom quality, and young children's academic skills: Results from seven studies of preschool programs. *Child Development, 78(2),* 558–580.

Educators for Social Responsibility. (2007). *Twenty kinds of class meetings.* Cambridge, MA: Author. Retrieved February 25, 2008, from http://www. ethicsed.org/consulting/meeting ideas. htm

Edwards, C. P., Gandini, L., & Forman, G. (Eds.). (1998). *The hundred languages of children: The Reggio Emilia approach—Advanced reflections* (2nd ed.). Greenwich, CT: Ablex.

Elicker, J., & Mathur, S. (1997). What do they do all day? Comprehensive evaluation of a full-day kindergarten. *Early Childhood Research Quarterly, 12(4),* 459–480.

Elliot, A. J., & Dweck, C. S. (Eds.). (2005). *Handbook of competence and motivation.* New York: Guilford Press.

Epstein, A. (2006). *The intentional teacher: Choosing the best strategies for young children's learning.* Washington, DC: National Association for the Education of Young Children.

Erikson, E. H. (1950). *Childhood and society.* New York: Norton.

Falk, B., & Blumenreich, M. (2005). *The power of questions: A guide to teacher and student research.* Portsmouth, NH: Heinemann.

Fantuzzo, J. W., Gadsden, V., & McDermott, P. (2008, June). *Evidence-Based Program for the Integration of Curricula (EPIC).* Paper to be presented at Head Start's Ninth National Research Conference, Washington, DC.

Fantuzzo, J., & McDermott, P. (2008, June). *Learning-in-time and teaching-to-learn: The unique contribution of learning behaviors to early school success.* Invited paper to be presented in the "Fostering Active Engagement in Learning" Symposium (Clancy Blair, Symposium Chair) at Head Start's Ninth National Research Conference, Washington, DC.

Fantuzzo, J., Perry, M.A., & McDermott, P. (2004). Preschool approaches to learning and their relationship to other relevant classroom competencies for low-income children. *School Psychology Quarterly, 19(3),* 212–230.

Fixsen, D. L., Naoom, S. F., Blase, K. A., Friedman, R. M., & Wallace, F. (2005). *Implementation research: A synthesis of the literature.* Tampa: University of South Florida, Louis de la Parte Florida Mental Health Institute, The National Implementation Research Network.

Fox, L., Dunlap, G., Hemmeter, M. L., Joseph, G., & Strain, P. (2003). The teaching pyramid: A model for supporting social competence and preventing challenging behavior in young children. *Young Children, 58(4),* 48–53.

Frank Porter Graham Child Development Center. (2001). *The quality and engagement study. Final report* (R. A. McWilliam, Principal Investigator). Chapel Hill, NC: Author.

Frede, E., & Ackerman, D. J. (2007, March). Preschool curriculum decision-making: Dimensions to consider. *NIEER Preschool Policy Brief,* Issue 12. New Brunswick, NJ: National Institute for Early Education Research. Retrieved February 25, 2008, from http://nieer.org/ resources/policybriefs/12.pdf

Fromberg, D. P. (1992). Implementing the full-day kindergarten. *Principal, 71(5),* 26–28.

Furrer, C., & Skinner, E. A. (2003). Sense of relatedness as a factor in children's academic engagement and performance. *Journal of Educational Psychology, 95(1),* 148–162.

Gandini, L., Hill, L., Cadwell, L., & Schwall, C. (2005). *In the spirit of the studio: Learning from the atelier of Reggio Emilia.* New York: Teachers College Press.

Gardner, H. (1993). *Multiple intelligences: The theory in practice.* New York: Basic Books.

George, J., & Greenfield, D. B. (2005). Examination of a structured problem-solving flexibility task for assessing approaches to learning in young children: Relation to teacher ratings and children's achievement. *Applied Developmental Psychology, 26(1),* 69-84.

Goffin, S. G., &Wilson, C. S. (2001). *Curriculum models and early childhood education: Appraising the relationship* (2nd ed.). Upper Saddle River, NJ: Prentice Hall.

Gottfried, A. E. (1990). Academic intrinsic motivation in young elementary school children. *Journal of Educational Psychology, 82(3),* 525-538.

Gottfried, A. E., Fleming, J. S., & Gottfried, A.W. (1994). Role of parental motivational practices in children's academic intrinsic motivation and achievement. *Journal of Educational Psychology, 86(1),* 104-113.

Gottfried, A. E., Fleming, J. S., & Gottfried, A. W. (1998). The role of cognitively stimulating home environment in children's academic intrinsic motivation: A longitudinal study. *Child Development, 69(5),* 1448-1460.

Graham, S., & Taylor, A. (2002). Ethnicity, gender, and the development of achievement values. In A. Wigfield & J. S. Eccles (Eds.), *Development of achievement motivation* (pp. 121-146). San Diego, CA: Academic Press.

Graves, M. (1997). 100 *small group experiences: The teacher's idea book 3.* Ypsilanti, MI: High/ Scope Press.

Greenfield, P. M., Quiroz, B., & Raeff, C. (2000). Cross-cultural conflict and harmony in the social construction of the child. In S. Harkness, C. Raeff, & C. M. Super (Eds.), *Variability in the social construction of the child: Vol. 87. New directions for child and adolescent development (pp. 93-108).* San Francisco: Jossey-Bass.

Greenman, J.(1987). *Caring spaces, learning places: Children's environments that work.* Belle-vue, WA: Exchange Press.

Greenman, J. (2005). Places for childhood in the 21st century: A conceptual framework. Beyond the Journal: *Young Children* on the Web. Retrieved February 25, 2008, from http://www.journal.naeyc.org/btj/200505/01Greenman.pdf

Gresham, F. M., & Elliott, S. N. (1990). *Social Skills Rating System*. Circle Pines, MN: American Guidance Service.

Grolnick, W., & Ryan, R. (1989). Parental styles associated with children's self-regulation and competence in school. *Journal of Educational Psychology, 81(2),* 143–154.

Guthrie, J. T., & Alvermann, D. E. (Eds.). (1999). *Engaged reading: Processes, practices, and policy implications* (Language and Literacy Series). New York: Teachers College Press.

Guthrie, J. T., & Wigfield, A. (2000). Engagement and motivation in reading. In M. L. Kamil, P. B. Mosenthal, P. D. Pearson, & R. Barr (Eds.), *Handbook of reading research* (Vol. 3, pp. 403–422). New York: Eribaum.

Gutiérrez, K., & Rogoff, B. (2003). Cultural ways of learning: Individual traits or repertoires of practice. *Educational Researcher, 32(5), 19-25.*

Hanson, M. J., & Lynch, E. W. (2003). *Understanding families: Approaches to diversity, disability, and risk.* Baltimore: Brookes.

Harris, J. (2001). Logic model basics. Out-of-School Time Issue #2. *The Evaluation Exchange, 7(2).* Retrieved February 25, 2008, from http://www.gse.harvard.edu/hfrp/eval/issue17/ html/spotlight2. html

Harter, S. (1996). Teacher and classmate influences on scholastic motivation, self-esteem, and level of voice in adolescents. In J. Juvonen & K. R. Wentzel (Eds.), *Social motivation:Understanding children's school adjustment* (pp. 11–42). Cambridge, UK: Cambridge University Press.

Head Start Bureau. (2001). Head Start Child Outcomes Framework. *Head Start Bulletin* 70. Washington, DC: Department of Health and Human Services, Administration for Children and Families. Retrieved February 25, 2008, from http://www.headstartinfo.org/pdf/ im00_18a.pdf

Helm, J. H., Berg, S., & Scranton, P. (2004). *Teaching your child to love learning.* New York: Teachers College Press.

Helm, J., & Katz, L. (2001). *Young investigators: The Project Approach in the early years.* New York: Teachers College Press.

High/Scope Educational Research Foundation. (2003). *High/Scope Preschool Child Observation Record (COR).* Ypsilanti, MI: High/Scope Press.

Hirsh-Pasek, K., Hyson, M., & Rescoria, L. (1990). Academic environments in preschool: Do they pressure or challenge young children? *Early Education and Development, 1(6),* 401-423.

Hohman, M., & Weikart, D. P. (1995). *Educating young children: Active learning practices for preschool and child care programs.* Ypsilanti, MI: High/Scope Press.

Howell, N. (1999). Cooking-up a learning community with corn, beans, and rice. *Young Children, 54(5),* 36-38.

Howes, C., & Ritchie, S. (2002). *A matter of trust: Connecting teachers and learners in the early childhood classroom.* New York: Teachers College Press.

Hughes, J. N., Zhang, D., & Hill, C. R. (2006). Peer assessments of normative and individual teacher-student support predict social acceptance and engagement among low-achieving children. *Journal of School Psychology, 43(6),* 447-463.

Huston, A. C. (2005). Connecting the science of child development to public policy. *Social Policy Reports, 19(4), 3-18.*

Hyson, M. (Ed.). (2003). Preparing early childhood professionals: NAEYC's standards for programs. Washington, DC: National Association for the Education of Young Children.

Hyson, M. (2004). *The emotional development of young children: Building an emotion-centered curriculum* (2nd ed.). New York: Teachers College Press.

Hyson, M. (2007). Curriculum. In R. New & M. Cochran (Eds.), *Early childhood education: An international encyclopedia* (Vol. 1, pp. 176–181). New York: Greenwood Press.

Hyson, M., & Biggar, H. (2005). NAEYC's standards for early childhood professional preparation: Getting from here to there. In M. Zaslow & I. Martinez-Beck (Eds.), *Critical issues in early childhood professional development* (pp. 283–308). Baltimore: Brookes.

Hyson, M., Copple, C., & Jones, J. (2006). Early childhood development and education. In K. A. Renninger & I. Sigel (Eds.), *Handbook of child psychology: Vol. 4. Child psychology in practice* (pp. 3–47). New York: Wiley.

Hyson, M., Tomlinson, H. B., & Lutton, A. (2007, March). Quality of early childhood teacher preparation: A moderating variable in the relationship between teachers' education and children's outcomes? Paper presented at the biennial meeting of the Society for Research in Child Development, Boston, MA.

Izard, C. E., &Ackerman, B. P. (2000). Motivational, organizational, and regulatory functions of discrete emotions. In M. Lewis & J. M. Haviland-Jones (Eds.), *Handbook of emotions* (2nd ed., pp. 253–264). New York: Guilford.

Jones, N. P. (2005). Big Jobs: Planning for competence. *Young Children, 60(2),* 86–93.

Kagan, S. L., Moore, E., & Bredekamp, S. (Eds.). (1995). *Reconsidering children's early learning and development: Toward common views and vocabulary* (Report of the National Education Goals Panel, Goal 1 Technical Planning Group, No. ED 391 576). Washington, DC: U.S. Government Printing Office.

Kaiser, B., & Rasminsky, J. S. (2003). *Challenging behavior in young children: Understanding, preventing, and responding effectively* (2nd ed.). Boston: Allyn & Bacon.

Katz, L. G. (1991). Pedagogical issues in early childhood education. In S.

L. Kagan (Ed.), *The care and education of America's young children: Obstacles and opportunities. Ninetieth Yearbook of the National Society for the Study of Education. Part I* (pp. 50–68). Chicago: University of Chicago Press.

Katz, L. G. (1993). *Dispositions: Definitions and implications for early childhood practices.* Urbana, IL: ERIC Clearinghouse on Elementary and Early Childhood Education.

Katz, L. G. (1995). Dispositions in early childhood education. In L. G. Katz (Ed.), *Talks with teachers of young children: A collection* (pp. 47–69). Norwood, NJ: Ablex.

Katz, L., & Chard, S. (2000). *Engaging children's minds: The project approach* (2nd ed.). Stamford, CT: Ablex.

Kelly, J., & Barnard, K. (1999). Parent education within a relationship-focused model. *Topics in Early Childhood Special Education, 19(3),* 151–157.

Kendall, J. S., & Marzano, R. J. (1995). *The systematic identification and articulation of content standards and benchmarks: Update.* Washington, DC: U.S. Government Printing Office.

Kessler, S.A., & Swadener, B. B. (Eds.). (1992). *Reconceptualizing the early childhood curriculum: Beginning the dialogue.* New York: Teachers College Press.

Keyser, J. (2006). *From parents to partners: Building a family-centered early childhood program.* St. Paul, MN: Redleaf Press.

Kirschen, M. (2005). *Thirty ways to show students you care!* Wallingford, CT: Education World. Retrieved February 25, 2008, from http://www. education-world. com/a_curr/ curr286.html

Klein, L., & Knitzer, J. (2006). *Effective preschool curricula and teaching strategies* (Pathways to Early School Success, Issue Brief No. 2). New York: National Center for Children in Poverty. Retrieved March 15, 2008, from http://www.nccp.org/publications/pdf/ text_668.pdf

Kohn, A. (1993). Choices for children: Why and how to let students decide. *Phi Delta Kappan*, *75*, 8–20.

Koraiek, D. (Ed.). (2007). *Spotlight on young children and families.* Washington, DC: National Association for the Education of Young Children.

Kritchevsky, S., Prescott, E., & Walling, L. (1977). *Planning environments for young children: Physical space* (2nd ed.). Washington, DC: National Association for the Education of Young Children.

Kumar, R., Gheen, M. H., & Kaplan, A. (2002). Goal structures in the learning environment and students' disaffection from learning and schooling. In C. Midgley (Ed.), *Goals, goal structures, and patterns of adaptive learning* (pp. 143–174). Mahwah, NJ: Erlbaum.

Ladson-Billings, G. (1995). Toward a theory of culturally relevant pedagogy. *American Education Research Journal, 32(3),* 465–491.

Ladson-Billings, G. (1997). *The dreamkeepers: Successful teachers of African American children.* San Francisco: Jossey-Bass.

LeBuffe, P. A., & Naglieri, J. A. (1999). *The Devereux Early Childhood Assessment.* Lewisville, NC: Kaplan Press.

Levin, D. E. (2003). *Teaching young children in violent times: Building a peaceable classroom* (2nd ed.). Cambridge, MA: Educators for Social Responsibility.

Lewis, C. R., Schaps, E., & Watson, M. (1995). Beyond the pendulum: Creating challenging and caring schools. *Phi Delta Kappan, 76(7),* 547–554.

Li-Grining, C., Madison-Boyd, S., Jones-Lewis, D., Smallwood, K. M., Sardin, L., Metzger, M. W., Jones, S. M., & Raver, C. C. (2007, March). *Implementing a classroom-based intervention in the "real world": The role of teachers' psychosocial stressors.* Paper presented at the biennial meeting of the Society for Research in Child Development, Boston, MA.

Lynch, E. W., & Hanson, M. J. (Eds.). (2004). *Developing cross-cultural competence: A guide for working with children and their families* (3rd ed.). Baltimore: Brookes.

Mahone, E. M., Pillion, J. P., Hoffman, J., Hiemenz, J. R., & Denckia, M. B. (2005). Construct validity of the auditory continuous performance test for preschoolers. *Developmental Neuropsychology, 27,* 11–33.

Marzano, R. J. (2007). *The art and science of teaching.* Alexandria, VA: Association for Supervision and Curriculum Development.

McCabe, M. A. (2007). Sharing knowledge for policy: The role of organizations as knowledge brokers. In E. Banister, B. Leadbeater, A. Marshall, &T. Riecken (Eds.), *Community -based approaches to knowledge translation.* Manuscript in preparation.

McClelland, M. M., Acock, A. C., & Morrison, E.J. (2006). The impact of kindergarten learning-related skills on academic trajectories at the end of elementary school. *Early Childhood Research Quarterly, 21 (4),* 471–490.

McClelland, M. M., Cameron, C. E., Connor, C. M., Farris, C. L., Jewkes, A. M., & Morrison, F. J. (2007). Links between behavioral regulation and preschoolers' literacy, vocabulary, and math skills. *Developmental Psychology, 43,* 947–959.

McClelland, M. M., & Morrison, F. J. (2003). The emergence of learning-related social skills in preschool children. *Early Childhood Research Quarterly, 18 (2),* 206–224.

McDermott, P. A., Leigh, N. M., & Perry, M. A. (2002). Evaluation and assessment: Development and validation of the Preschool Learning Behaviors Scale. *Psychology in the Schools, 39(4),* 353–365.

McTaggart, J. A., Frijters, J. C., & Barren, R. W. (2005, April). *Children's early interest in reading and math: A longitudinal study of motivation and academic skills.* Poster session presented at the biennial meeting of the Society for Research in Child Development, Atlanta, GA.

McWayne, C. M., Fantuzzo, J. W., & McDermott, P. A. (2004). Preschool competency in context: An investigation of the unique contribution of child competencies to early academic success. *Developmental Psychology, 40(4),* 633–645.

McWilliam, R. A. (1998). *Engagement Check II.* Chapel Hill: Frank Porter Graham Child Development Center, University of North Carolina at Chapel Hill.

McWilliam, R. A., & Casey, A. M. (2007). *Engagement of every child in the preschool classroom.* Baltimore: Brookes.

McWilliam, R. A., Scarborough, A. A., & Kim, H. (2003). Adult interactions and child engagement. *Early Education and Development, 14(1), 7–27.*

McWilliam, R. A., Trivette, C. M., & Dunst, C. J. (1985). Behavior engagement as a measure of the efficacy of early intervention. *Analysis and Intervention in Developmental Disabilities, 5 (1–2),* 59–71.

Meisels, S. J. (1999). Assessing readiness. In R. C. Pianta & M. J. Cox (Eds.), *The transition to kindergarten* (pp. 39–66). Baltimore: Brookes.

Meisels, S. J., Jablon, J. R., Marsden, D. B., Dichtelmiller, M. L., & Dorfman, A. B. (2001). *The work sampling system* (4th ed.). New York: Pearson Learning Group.

Meisels, S. J., Marsden, D. B., Dombro, A. L., Weston, D. R., & Jewkes, A. M. (2003). *The Ounce Scale.* Upper Saddle River, NJ: Pearson.

Michigan Department of Education Early Childhood Programs. (1999). *A guide to home visits.* Lansing, MI: Author. Retrieved February 25, 2008, from http://www.michigan.gov/ documents/Guide_ to_Home_Visits_44583_7.pdf

Midgley, C. (Ed.). (2002). *Goals, goal structures, and patterns of adaptive learning.* Mahwah, NJ: Eribaum.

Montessori, M. (1964). *The Montessori method.* New York: Schocken Books.

Montessori, M. (1995). *The absorbent mind.* New York: Henry Holt & Co.

Morrison, F. J. (Discussant). (2007, March). *Contemporary perspectives on children's engagement in learning.* Symposium presented at the biennial meeting of the Society for Research in Child Development, Boston, MA.

National Association for the Education of Young Children. (2005a). *Screening and assessment of young English-language learners* (Supplement to the

NAEYC and NAECS/SDE Joint Position Statement on Early Childhood Curriculum, Assessment, and Program Evaluation). Retrieved February 25, 2008, from http://www.naeyc.org/about/positions/pdf/ ELL_Supplement_ Shorter_Version.pdf

National Association for the Education of Young Children. (2005b). *NAEYC early childhood program standards and accreditation criteria: The mark of quality in early childhood education.* Washington, DC: Author.

National Association for the Education of Young Children. (2006). Resources for supporting and involving families in meaningful ways. *Young Children 61(1),* 61-63. Retrieved February 25, 2008, from http://www.journal.naeyc. org/btj/200601/FamilyResources BTJ.pdf

National Association for the Education of Young Children. (2008). *NAEYC position statement on developmentally appropriate practice in early childhood programs serving children from birth through age 8.* Washington, DC: Author.

National Association for the Education of Young Children & National Association of Early Childhood Specialists in State Departments of Education. (2002). *Early learning standards: Creating the conditions for success. Joint position statement.* Retrieved February 25, 2008, from http:// www.naeyc.org/about/positions/early_learning_standards.asp

National Association for the Education of Young Children & National Association of Early Childhood Specialists in State Departments of Education. (2003). *Early childhood curriculum, assessment, and program evaluation: Building an effective, accountable system in programs for children birth through age 8. Joint position statement.* Retrieved February 25, 2008, from http://www.naeyc.org/about/positions/pdf/CAPEexpand.pdf

National Center for Education Statistics. (2002). *Children's reading and mathematics achievement in kindergarten and first grade.* Washington, DC: Author. Retrieved February 25, 2008, from http://nces.ed.gov/pubs2002/

kindergarten/24.asp?nav=4

National Center for Education Statistics, (n.d.). *Early Childhood Longitudinal Study—Kindergarten (ECLS-K)*. Washington, DC: Author. Retrieved March 15, 2008, from http:// nces.ed.gov/ecls

National Council of Teachers of Mathematics. (2000). *Principles and standards for school mathematics*. Reston, VA: Author.

National Council of Teachers of Mathematics. (2006). *Curriculum focal points for prekindergarten through grade 8 mathematics: A quest for coherence*. Reston, VA: Author.

National Education Goals Panel. (1991). *The National Education Goals report: Building a nation of learners, 1991*. Washington, DC: U.S. Government Printing Office.

National Education Goals Panel. (1997). *Getting a good start in school*. Washington, DC: U.S. Government Printing Office.

National Institute of Child Health and Human Development Early Child Care Research Network. (2005). A day in third grade: A large-scale study of classroom quality and teacher and student behavior. *The Elementary School Journal, 105(3),* 305–323.

National Research Council. Committee on Increasing High School Students' Engagement and Motivation to Learn. (2003). *Engaging schools: Fostering high school students' motivation to learn*. Washington, DC: National Academies Press.

Neuman, S. B., & Roskos, K. (2005). The state of state prekindergarten standards. *Early Childhood Research Quarterly, 20(2),* 125–145.

Northwest Education Collaborative. (2001). A *caring community of learners: Creating a protective shield*. Portland, OR: Northwest Regional Educational Laboratory. Retrieved February 25, 2008, from http://www.nwrel.org/cfc/frc/beyus7.html

Ogbu, J. (1985). Cultural ecology of competence among inner-city Blacks. In

M. B. Spencer, G. K. Brookins, & W. R. Allen (Eds.), *Beginnings: The social and affective development of Black children* (pp. 45-66). Hillsdale, NJ: Eribaum.

Olson, M., & Hyson, M. (2005). Professional development: NAEYC explores parental perspectives on early childhood education. *Young Children, 60(3),* 66-68.

Organizational Research Services. (2004). *Theory of change: A practical tool for action, results, and learning.* Prepared for the Annie E. Casey Foundation. Retrieved February 25, 2008, from http://www.organizationalresearch.com/ publications/aecf_theory_of_change_manual.pdf

Pewewardy, C., & Hammer, P. C. (2003). Culturally responsive teaching for American Indian students. *ERIC Digest ED482325.* Urbana, IL: ERIC Clearinghouse on Rural Education and Small Schools. Retrieved March 15, 2008, from http://www.eric.ed.gov.80/ERIC Docs/data/ericdocs2sql/ content_storage_01/0000019b/80/lb/8b/07.pdf

Phillips, D., & Adams, G. (2001). Child care and our youngest children. *The Future of Children, 11* (1), 34-51.

Piaget, J. (1962). *Play, dreams and imitation in childhood.* New York: Norton.

Pianta, R. C. (2000). *Enhancing relationships between children and teachers.* Washington, DC: American Psychological Association.

Pianta, R., Howes, C., Burchinal, M., Bryant, D., Clifford, R. M., Early, D. M., et al. (2005). Features of pre-kindergarten programs, classrooms, and teachers: Prediction of observed classroom quality and teacher-child interactions. *Applied Developmental Science, 9(3),* 144-159.

Pletcher, L. C., & McBride, S. (2004). *Family centered services: Guiding principles and practices for delivery of family centered services.* Developed jointly for Iowa's Early ACCESS and Project SCRIPT. Retrieved February 25, 2008, from http://www.extension.iastate.edu/ culture/files/ FamlCntrdSrvc.pdf

Powell, D. (2006). Families and early childhood interventions. In K. A. Renninger & I. Sigel (Eds.), *Handbook of child psychology: Vol. 4. Child psychology in practice* (pp. 548–591). New York: Wiley.

Project Zero & Reggio Children. (2001). *Making learning visible: Children as individual and group learners.* Reggio Emilia, Italy: Reggio Children.

Quintero, E. (1999). The new faces of Head Start: Learning from culturally diverse families. *Early Education and Development, 10(4),* 475–497.

Raver, C. C., Blackburn, E. K., Bancroft, M., & Torp, N. (1999). Relations between effective emotional self-regulation, attentional control, and low-income preschoolers' social competence with peers. *Early Education and Development, 10(3),* 333–350.

Ready, D. D., LoGerfo, L. F., Burkam, D. T., & Lee, V. E. (2005). Explaining girls' advantage in kindergarten literacy learning: Do classroom behaviors make a difference? *Elementary School Journal, 106(1),* 21–38.

Reeves, D. B. (2002). *The leader's guide to standards: A blueprint for educational equity and excellence.* San Francisco: Jossey-Bass.

Renninger, K. A. (2000). Individual interest and its implications for understanding intrinsic motivation. In C. Sansone and J. M. Harackiewicz (Eds.), *Intrinsic and extrinsic motivation: The search for optimal motivation and performance* (pp. 373–404). San Diego, CA: Academic Press.

Renninger, K. A., & Hidi, S. (2002). Student interest and achievement: Developmental issues raised by a case study. In A. Wigfield & J. S. Eccles (Eds.), *Development of achievement motivation* (pp. 173–195). New York: Academic Press.

Renninger, K. A., Hidi, S., & Krapp, A. (Eds.). (1992). *The role of interest in learning and development.* Hillsdale, NJ: Eribaum.

Rider, R. J. (1997). On the nature of cognitive style. *Educational Psychology, 17(1,2),* 29–49.

Ridley, S. M., McWilliam, R. A., & Oates, C. S. (2000). Observed engagement as an indicator of child care program quality. *Early Education and Development, 11(2),* 133–146.

Rimm-Kaufman, S. E., La Paro, K. M., Downer, J. T., & Pianta, R. C. (2005). The contribution of classroom setting and quality of instruction to children's behavior in kindergarten classrooms. *Elementary School Journal, 105(4),* 377–394.

Robinson, A., & Stark, D. R. (2005). *Advocates in action: Making a difference for young children* (Rev. ed.). Washington, DC: National Association for the Education of Young Children.

Rogoff, B. (2003). The cultural nature of human development. New York: Oxford University Press.

Rothbart, M. K., & Bates, J. E. (2006). Temperament. In N. Eisenberg (Ed.), *Handbook of child psychology: Vol. 3. Social, emotional, and personality development* (pp. 99–166). New York: Wiley.

Rothbart, M. K., Sheese, B. E., & Posner, M. (2007). Executive function and effortful control: Linking temperament, brain networks, and genes. *Child Development Perspectives, 1(1),* 2–7.

Rouse, H., & Fantuzzo, J. (2008). Competence motivation in Head Start: An early childhood link to learning. Peer assisted learning strategies. In C. Hudley and A. Gottfried (Eds.), *Academic motivation and the culture of schooling.* New York: Oxford University Press.

Sagor, R. (2004). *The action research guidebook: A four-step process for educators and school teams.* Thousand Oaks, CA: Corwin Press.

Sandall, S. R., McLean, M., & Smith, B. (2000). *DEC recommended practices in early intervention/early childhood special education.* Longmont, CO: Sopris West.

Sandall, S. R., & Schwartz, I. S. (2002). *Building blocks for teaching preschoolers with special needs.* Baltimore: Brookes.

Schiefele, U., Krapp, A., & Winteler, A. (1992). Interest as a predictor of academic achievement: A meta-analysis of research. In K. A. Renninger, S. B. Hidi, & A. Krapp (Eds.), *The role of interest in learning and development* (pp. 183–212). Hillsdale, NJ: Erlbaum.

Schweder, R. A., Goodnow, J. J., Hatano, G, LeVine, R. A., Markus, H., & Miller, P. J. (2006). The cultural psychology of development: One mind, many mentalities. In W. Damon & R. M. Lerner (Eds.), *Handbook of child psychology: Vol. 1. Theoretical models of human development* (pp. 716–792). New York: Wiley.

Scott-Little, C., Kagan, S. L., & Frelow, V. S. (2005). *Inside the content: The breadth and depth of early learning standards.* Greensboro, NC: SERVE Center. Retrieved February 25, 2008, from http://www.serve.org/_downloads/publications/insidecontentes.pdf

Scott-Little, C., Lesko, J., Martella, J., & Milburn, P. (2007). Early learning standards: Results from a national survey to document trends in state-level policies and practices. *Early Childhood Research and Practice, 9(1).* Retrieved March 15, 2008, from http://ecrp.uiuc.edu/ v9nl/little.html

Seefeldt, C. (Ed.). (1999). *The early childhood curriculum: Current findings in theory and practice* (3rd ed.). New York: Teachers College Press.

Shonkoff, J. P. (2000). Science, policy, and practice: Three cultures in search of a shared mission. *Child Development, 71,* 181–187.

Shonkoff, J. P., & Phillips, D. A. (2000). *From neurons to neighborhoods: The science of early childhood development.* Washington, DC: National Academy Press.

Stipek, D. (2002). *Motivation to learn: Integrating theory and practice* (4th ed.). Boston: Allyn & Bacon.

Stipek, D., Feiler, R., Daniels, D., & Milburn, S. (1995). Effects of different instructional approaches on young children's achievement and motivation. *Child Development, 66(1),* 209–223.

Stipek, D., & Seal, K. (2001). *Motivated minds: Raising children to love learning.* New York: Holt.

Torrence, M., & Chattin-McNichols, J. (2000). Montessori education today. In J. L. Roopnarine & J. E. Johnson (Eds.), *Approaches to early childhood education* (3rd ed., pp. 191–219). Upper Saddle River, NJ: Prentice Hall.

Turner, L. A., & Johnson, B. (2003). A model of mastery motivation for at-risk preschoolers. *Journal of Educational Psychology, 95(3),* 495–505.

U.S. Department of Education. The National Commission on Excellence in Education. (1983). *A nation at risk: The imperative for educational reform.* Washington, DC: Author.

Vance, E., & Weaver, P. J. (2002). *Class meetings: Young children solving problems together.* Washington, DC: National Association for the Education of Young Children.

Vinovskis, M. A. (1995). School readiness and early childhood education. In D. Ravitch and M. A. Vinovskis (Eds.), *Learning from the past: What history teaches us about school reform* (pp. 243–264). Baltimore: Johns Hopkins University Press.

Vygotsky, L. S. (1978). *Mind and society: The development of higher mental process.* Cambridge, MA: Harvard University Press. (Original work published 1930, 1933, 1935)

Waters, E., Wippman, J., & Sroufe, L. A. (1979). Attachment, positive affect, and competence in the peer group: Two studies in construct validation. *Child Development, 50(3),* 821–829.

Weiss, H. B., Caspe, M., & Lopez, M. E. (2006). Family involvement in early childhood education. *Family Involvement Makes a Difference,* 1. Retrieved February 25, 2008, from http:// www.gse.harvard.edu/hfrp/content/projects/ fine/resources/research/earlychildhood.pdf

Whitin, P. (2001). Kindness in a jar. *Young Children, 56(5),* 18–22.

Wigfield, A., & Eccles, J. S. (Eds.). (2002). *Development of achievement motivation.* San Diego, CA: Academic Press.

Wigfield, A., Eccles, J. S., Schiefele, U., Roeser, R.W., & Davis-Kean, P. (2006). Development of achievement motivation. In W. Damon, R. M. Lerner, & N. Eisenberg (Vol. Ed.), *Handbook of child psychology: Vol. 3. Social, emotional, and personality development* (6th ed., pp. 933-1002). New York: Wiley.

Wigfield, A., & Tonks, S. (2004). The development of motivation for reading and how it is influenced by CORI. In J. T. Guthrie, A. Wigfield, & K. C. Perencevich (Eds.), *Motivating reading comprehension: Concept-oriented reading instruction* (pp. 249-272). Mahwah, NJ: Erlbaum.

Winton, P. J., McCollum, J. A., & Catlett, C. (Eds.). (2007). *Practical approaches to early childhood professional development: Evidence, strategies, and resources.* Washington, DC: Zero to Three.

Zaslow, M., & Martinez-Beck, I. (Eds.). (2005). *Critical issues in early childhood professional development.* Baltimore: Brookes.

Zeiazo, P. D., Müller, U., Frye, D., & Marcovitch, S. (2003). The development of executive function in early childhood. *Monographs of the Society for Research in Child Development,68* (3, Serial No. 274).

◆ 索 引

F

G

W

X

◈ 作者简介

　　马里奥·希森，博士，华盛顿特区全美幼儿教育协会的高级顾问，乔治梅森大学（George Mason University）应用发展心理学系的职员。她也是 NAEYC、世界银行、拯救儿童项目（Save the Children）、家庭和工作协会（the Families and Work Institute）、美国国家贫困儿童中心（the National Center for Children in Poverty）及其他早期教育机构的顾问。她曾经做过幼儿园教师、学前班教师、儿童中心主任，作为 NAEYC 专业发展的副执行董事，她帮助修订了早期教育专业准备标准，参与过两年制和四年制高级教育项目的国家认证和认可工作。她也参与了早期教育标准立场文件的制定及早期数学、课程／评估／项目的评估等工作。在加入 NAEYC 之前，她是特拉华大学（Delaware University）个体和家庭研究系的主任、教授。作为《早期教育研究季刊》（*Early Childhood Research Quarterly*）的前主编，她也曾是美国教育部国家早期教育发展和教育委员会中儿童发展研究协会（SRCD）的政策制定人员。她最近成为 SRCD 的政策和交流委员会的联合主持人，是很多早期教育领域国家建议委员会的成员。她的研究兴趣包括：幼儿的情感发展，父母、教师的信念与教育实践，教育政策，研究与实践的结合，早期教育中的教师准备。

出 版 人 李 东
责任编辑 孙冬梅
版式设计 宗沅书装 郝晓红
责任校对 张 珍 金 霞
责任印制 叶小峰

图书在版编目(CIP)数据

热情投入的主动学习者：学前儿童的学习品质及其
培养／（美）希森（Hyson, M.）著；霍力岩，房阳洋，
孙蔷蔷译. — 北京：教育科学出版社，2016.4（2023.11重印）
书名原文：Enthusiastic and Engaged Learners：
Approaches to Learning in the Early Childhood
Classroom
ISBN 978-7-5191-0091-9

Ⅰ．①热…　Ⅱ．①希…②霍…③房…④孙…　Ⅲ.
①学前儿童—学习能力—能力培养　Ⅳ．①G613

中国版本图书馆 CIP 数据核字（2016）第 046293 号

北京市版权局著作权合同登记 图字：01-2014-6690 号

热情投入的主动学习者——学前儿童的学习品质及其培养
REQING TOURU DE ZHUDONG XUEXIZHE——XUEQIAN ERTONG DE XUEXI PINZHI JIQI PEIYANG

出版发行	**教育科学出版社**			
社　　址	北京·朝阳区安慧北里安园甲 9 号	市场部电话	010-64989572
邮　　编	100101	编辑部电话	010-64989395
传　　真	010-64989419	网　　址	http://www.esph.com.cn
经　　销	各地新华书店		
制　　作	宗沅书装		
印　　刷	保定市中画美凯印刷有限公司		
开　　本	720 毫米×1020 毫米　1/16	版　　次	2016 年 4 月第 1 版
印　　张	15.25	印　　次	2023 年 11 月第 10 次印刷
字　　数	211 千	定　　价	46.00 元

Original English Title:

Enthusiastic and Engaged Learners: Approaches to Learning in the Early Childhood Classroom

By Marilou Hyson

ISBN: 978-0807748800

Copyright © 2008 by Teachers College, Columbia University

Credits, chapter opening photos: pages 9, 17,41© Karen Phillips; pages 30, 146, © Shari Schmidt; page 57, Marilyn Nolt, noltphotos @mail.com; page 73, William Geiger/© NAEYC; page86, Barbara Bent/ © NAEYC; page 101, photo by Penny Farster-Narlesky; page 118, © Elisabeth Nichols; page 135, © Ellen B. Senisi.

First Published by Teachers College Press, Teachers College, Columbia University, New York, New York USA.

北京市版权著作权合同登记 图字：01-2014-6690 号